神戸・大阪・京都
レトロ建築さんぽ

倉方俊輔 著
下村しのぶ 写真

もくじ

I 神戸

ジェームス邸 12
神戸税関 18
旧乾邸 22
神戸女学院 28
甲子園会館 36
白鶴美術館 42
風見鶏の館 46
旧小寺家厩舎 50
神港ビルヂング 52
デザイン・クリエイティブセンター神戸 56
神戸商船三井ビル 60
関西学院大学 64

II

大阪

大阪市中央公会堂 76
原田産業株式会社 大阪本社ビル 82
綿業会館 86
日本銀行大阪支店 92
生駒ビルヂング 96
三井住友銀行 大阪本店ビル 100
大阪府立中之島図書館 102
船場ビルディング 106
新井ビル 110
大阪倶楽部 112
太閤園淀川邸 118
芝川ビル 122
堺筋倶楽部 126
大阪府庁本館 130
泉布観／旧桜宮公会堂 134

III

京都

京都府庁旧本館 142
東華菜館 148
長楽館 152
平安女学院 158
同志社大学 162
祇園閣 170
京都ハリストス正教会 生神女福音大聖堂 174
聴竹居 178
同志社女子大学 184
京都大学 188
京都文化博物館別館 196
京都芸術センター 200

建築家ものがたり

1 河合浩蔵 70
2 辰野金吾 136
3 武田五一 205

もっとレトロ建築を楽しむために 206
あとがきにかえて 207

表紙 関西学院大学
裏表紙 神戸税関

スタッフ
デザイン 芝 晶子（文京図案室）
編集 竹内 厚
別府美絹（エクスナレッジ）

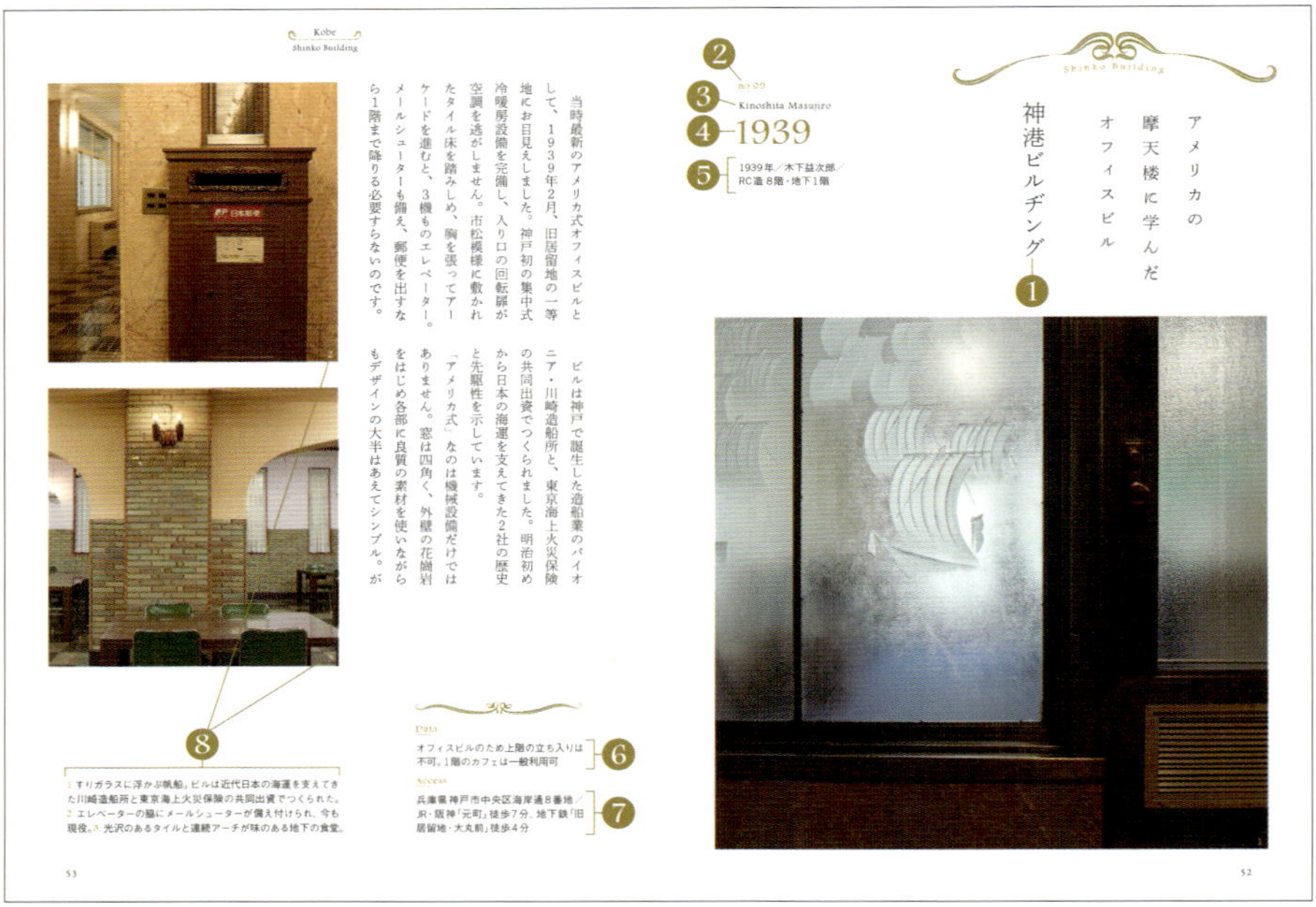

Shinko Building

アメリカの摩天楼に学んだオフィスビル

神港ビルヂング ❶

❷ no.09

❸ Kinoshita Masujiro

❹ 1939

❺ 1939年／木下益次郎／RC造 8階・地下1階

ビルは神戸で誕生した造船業のパイオニア・川崎造船所と、東京海上火災保険の共同出資でつくられました。明治初めから日本の海運を支えてきた2社の歴史と先駆性を示しています。

「アメリカ式」なのは機械設備だけではありません。窓は四角く、外壁の花崗岩をはじめ各部に良質の素材を使いながらもデザインの大半はあえてシンプル。が当時最新のアメリカ式オフィスビルとして、1939年2月、旧居留地の一等地にお目見えしました。神戸初の集中式冷暖房設備を完備し、入り口の回転扉が空調を逃がしません。市松模様に敷かれたタイル床を踏みしめ、胸を張ってアーケードを進むと、3機ものエレベーター。メールシューターも備え、郵便を出すなら1階まで降りる必要すらないのです。

Kobe
Shinko Building

Data
オフィスビルのため上階の立ち入りは不可。1階のカフェは一般利用可 ❻

Access
兵庫県神戸市中央区海岸通8番地／JR・阪神「元町」徒歩7分、地下鉄「旧居留地・大丸前」徒歩4分 ❼

❽
1 すりガラスに浮かぶ帆船。ビルは近代日本の海運を支えてきた川崎造船所と東京海上火災保険の共同出資でつくられた。2 エレベーターの脇にメールシューターが備え付けられ、今も現役。3 光沢のあるタイルと連続アーチが味のある地下の食堂。

53　52

本書の見方

❶ 建物（施設）の名称

❷ 本書の掲載ナンバー（P10～11、P75、P141の地図と対応しています）

❸ 設計者名

❹ 竣工年（複数の建物がある場合は代表的なものだけ記しています）

❺ 設計者名／構造 階数（RC造は鉄筋コンクリート造、SRC造は鉄骨鉄筋コンクリート造を示します）

❻ 営業時間、開館時間、一般公開状況など

❼ 所在地／最寄り駅

❽ 写真番号と写真解説（写真の番号と解説が対応しています）

注意

◎一般公開されている建物の許可された時間以外は、無断で敷地内に立ち入らないこと。公開日などが設けられている場合もあります。

◎敷地内や施設内での写真撮影・スケッチなどができない建物も多くあります。必ず現地でのルールに従ってください。

◎団体での見学や商業目的などの際には、事前に管理者に連絡のうえ、許可を得てから訪れてください。

◎その他、公共の場でのマナーを体現し、レトロ建築さんぽの愛好家を増やしましょう。

◎本書に掲載した内容は、2019年3月現在のものです。公開時間や用途、外観や内装に変更が加わる可能性などもあります。あらかじめご確認ください。

I

Kobe

神戸

地形と結びついた開発都市、その先端性

神戸は地形が感じられる場所。南には海が広がり、北には山が連なって、どちらも遠くありません。そんな自然の恵みを受けて、この地の建築は育ちました。

開国によって、まず港がつくられます。街が生まれ、「レトロ建築」の重要地になります。港を開いたのは明治元年の１８６８年。その10年前、江戸幕府がアメリカをはじめとする西洋各国と修好通商条約を結び、開設を約束していた開港場の一つです。

横浜はいわば神戸の兄弟です。両者とも江戸時代から栄えていた大都市から適度な距離にあり、開国までは辺鄙な場所でした。幕府は外国人とのトラブルを懸念し、従来の町や街道から離れた場所を開港場としたのです。そこを港が建設しやすい土地として選ばれ、新しい都市に成長します。

開港場には居留地が設けられました。外国人が暮らし、そのために西洋風の建物ができ、日本人との貿易が許された特区です。横浜の開港は１８５９年ですから、神戸は9歳年下。居留地も遅れてのスタートでしたが、そのぶん成立したての明治新政府が力を入れ、最初から計画的に育てられたのが特色です。神戸居留地はイギリス人土木技師の計画によって、日本で最初期の近代下水施設を備えた、整然とした街区として誕生しました。１８９９年に居留地は廃止されましたが、道路の向きも大きさも周辺と異なっているので、今でもはっきりと区別できます。

《神戸女学院》04

上・《神戸女学院》04 下・《旧乾邸》03

居留地時代の建物は《旧居留地十五番館》が残るだけです。ただし、その後も旧居留地のエリアは、海外貿易の拠点であり続けました。《神戸商船三井ビル》11や《神港ビルヂング》09のように、海運会社や外資系銀行といった他の街ではまれな種類のビルが、現在も威厳を放っています。初めて人々が洋風建築を目にし、大阪や京都でも真似しようと憧れた居留地の性格は受け継がれています。「旧居留地」の名が神戸では日常的に使われていることにも納得です。

先端的なものの名残りは、居留地だけではありません。北野の異人館の辺りは、明治初めに政府が居留地外の外国人の居住を認めた「雑居地」に始まり、港を見下ろす眺望の良さから外国人が好んで暮らすようになりました。今も《風見鶏の館》07をはじめとした建築が異国情緒を漂わせ、外国人のコミュニティから新しい文化が全国各地に伝播した歴史を実感させます。

神戸港はにぎわい、明治半ばに香港や上海をしのぐ東洋一の港になります。拡大する需要に応え、堂々とした《神戸税関》02や《デザイン・クリエイティブセンター神戸》10の姿もお目見えしました。

日の光を受ける南斜面の地形は、暮らしに向いています。《ジェームス邸》01は神戸の中心地から程よく離れた高台を選んで、住宅地開発の一環としてつくられた塩屋の洋館です。《旧乾邸》03も同じく海を望む邸宅です。こちらは神戸から大阪に寄った住吉・御影《みかげ》地区に位置します。海と山の合間を縫って何本もの鉄道路線ができ、神戸と大阪の発展に後押しされて、阪神間は良好な住宅地に成長します。

便利で健やかな場所は、人を育むのに好適。《関西学院大学》12も《神戸女学院》04も、そんな阪神間を選んで新設されたキャンパスです。どちらも建築家のヴォーリズが全体計画から細部装飾に至るまで手がけました。それでいて両者の性格は異なっています。使い手の個性と地形を生かしています。ヴォーリズが得意とした住宅のようです。太陽が似合うスパニッシュ・ミッション・スタイルのデザインであることも含めて。

《デザイン・クリエイティブセンター神戸》10

01
ジェームス邸

02
神戸税関

03
旧乾邸

04
神戸女学院

05
甲子園会館

06
白鶴美術館

07
風見鶏の館

08
旧小寺家厩舎

09
神港ビルヂング

10
デザイン・クリエイティブセンター神戸

11
神戸商船三井ビル

12
関西学院大学

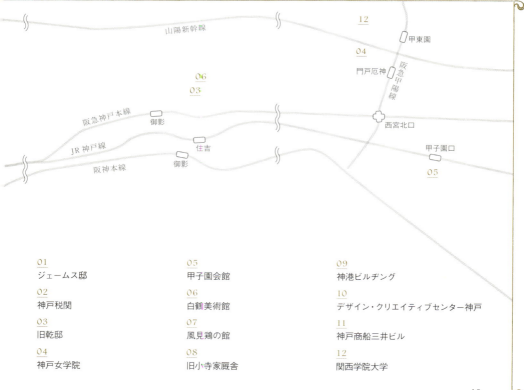

鉄道路線に伴う阪神間の開発としては《甲子園会館》05も忘れられません。総合レジャーセンターの一環であるリゾートホテルの設計は、世界的建築家のフランク・ロイド・ライトに学んだ遠藤新に託されました。自然環境を受け止めて人工のユートピアを築くという師譲りの理想が実現したのも、阪神間ならではでしょう。

「開発の都市」という言葉で神戸〜阪神間を形容したくなりますが、少し無理があるかもしれません。例えば《白鶴美術館》06の品格は、灘の酒造りの伝統と切り離せません。それでも風が抜けるような爽やかさが、この地域の建築全般にあります。他では得難い地形的な条件が、人々を行き交わせ、創意工夫の心を刺激して、さまざまな最先端が誕生しました。自然と人工の出会いから生まれるわくわくするような開発が、訪れるべき良質な建築に結実しています。

I

神戸レトロ建築マップ

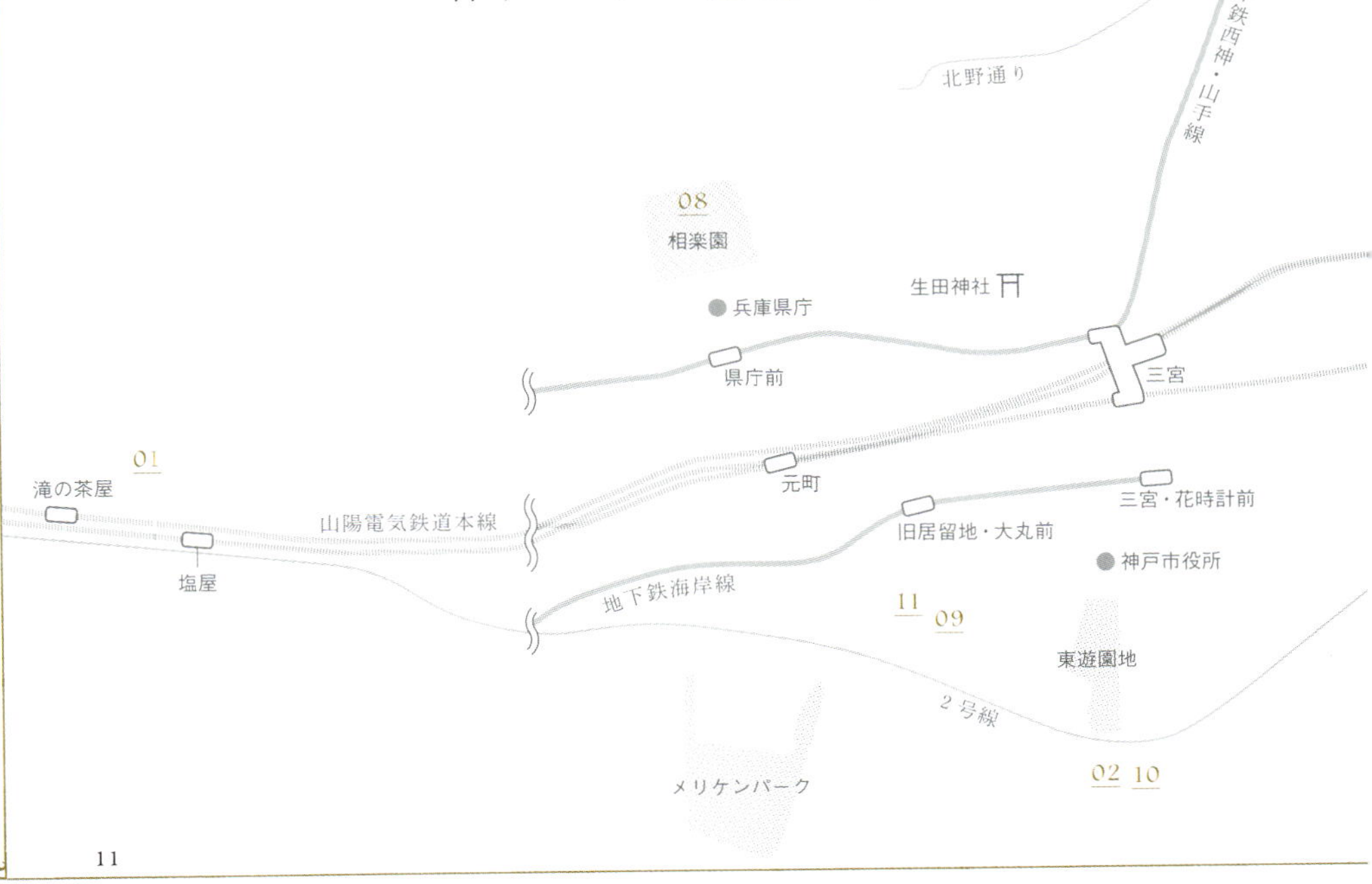

James-Tei

丘陵地から
海を望む
贅沢な邸宅
ジェームス邸

no.01

Takenaka Koumuten

1934

1934年／竹中工務店／
RC造 2階・地下1階

1

1. 流麗なシルエットが印象的な玄関の格子扉。2. 円形の展望台には８つのアーチ窓が開いて、神戸の海から山まですべての方向が眺められる。3. 船を思わせる展望台へのらせん階段。

Data

結婚式場、レストランとして営業
開＝11:30〜15:00、17:30〜21:00（レストラン）
休＝水曜、婚礼のある土日祝

Access

兵庫県神戸市垂水区塩屋町6-28-1／山陽電鉄「滝の茶屋」徒歩７分、JR「塩屋」徒歩13分

1

建て主のアーネスト・ウィリアム・ジェームスは１８８９年、イギリス人の両親のもとに神戸で生まれました。父は神戸を拠点に船長を務めていた人物です。幼い頃から身につけた流暢な日本語と英語によって国内外に人脈を結び、時流を読む才覚で事業に成功。30代にして日本で最も裕福な外国人の一人に数えられたのですから、海を介して世界とつながる国際都市・神戸らしいエピソードです。

海を望むこの高台の自邸に、ジェームスはスパニッシュ・スタイルを採用しました。明るいスペイン瓦の色彩や、乾い

ドラマティックな光が上階へと誘う

1.窓にステンドグラスのアクセントが添えられている。2.ゆったりとした階段が上階へと誘う。3.イスラム風の尖頭アーチを用いた暖炉。4.細やかに彫刻された暖炉脇の柱頭。

た壁面の感触がスタイルの特徴です。それが南からの日差しに似合っています。

屋内ではなおさら、そのドラマチックな陰影が記憶に残ります。光に照らされた濃厚な装飾や素材が深みのあるシーンを生み出し、円形の望楼からは大阪や晴れた日には淡路島までが一望できます。そこに登る階段は船を思わせて、これもジェームスの生涯を物語るようです。

絵に描いたような成功者の邸宅。しかし、これも財産を注ぎ込んだ建築のほんの一端でした。１９２０年代から彼はこの丘陵地の広大な土地を買い求め、外国人住宅群をスパニッシュ・スタイルで建設します。大戦が影を落とし理想どおりに事は運びませんでしたが、その名は一帯を示す「ジェームス山」の名に刻まれています。

鮮やかなスペイン瓦がよく目立つ

4

2

5

3

6

7

1. 鮮やかな色彩のスペイン瓦で、遠くからも目立つ望楼。2. コースの数字がかつてのプールの証。3. 濃厚な装飾に出迎えられる玄関。4. 天井の文様もスパニッシュ・スタイルの特徴。吊り下げられた照明器具が色を添える。5. 庭に面した地下部分に設けられた壁泉。水の神様が口を開いている。6. さまざまなタイルが使われているのも見どころ。暖炉のタイルは目地にも味がある。7. 展望台の床に敷き詰められたタイルは特に鮮やか。光と陰のドラマを引き立てている。

Kobe Customs

no.02

Okurasho Eizen-ka

1927

1927年／大蔵省営繕課
／SRC造 4階・地下1階

港にそびえる
円と幾何学形の
佇まい

神戸税関

1

円が似合う建築です。税関は大事なボーダー。輸出入貨物の通関、関税などの徴収、密輸の取り締まりなどを通じ、日本の内と外との交流がルールに基づいて、よりよく進展するように建っています。

そびえた時計塔は、海に正面を向けているわけでもなく、細かに窓が開いているのも特徴。360度を見つめているかのようです。3台の時計を配するだけの塔にしては大きすぎますが、港一帯に秩序の下にある安心感を与えています。シンプルな円を、税関にふさわしい形として上手く使っているのです。

神戸港は幕末に開港し、明治半ばには輸入額が横浜を抜いて日本一となりました。それに伴い、アジアを代表する国際貿易港として、増大する業務に対応した税関庁舎が計画されます。時計塔が面す

1.玄関ホールは3階までの吹き抜け。8本の柱が円を描き、床には8つの円からなる模様が細かなタイルで施されている。2.2階の正面に位置した旧税関長室。カーブを描いた空間が珍しい。3.鋭角になった交差点に面して時計塔の円筒形がひときわ目立つ。屋上に掲げられた税関旗は海と空、陸地の接点に税関があることを示す。

Data

1階の神戸税関広報展示室は見学可能
開=8:30〜17:00
休=土日祝

Access

兵庫県神戸市中央区新港町12-1　JR「三ノ宮」、阪神・阪急「神戸三宮」、地下鉄「三宮」徒歩20分

美しき幾何学の組み合わせ

る道路は、同時期の神戸港の拡張工事で新築された第三突堤に接続するよう敷設。鋭角の敷地だからこそ円筒形のたたずまいが目立ちます。内部には壮大な吹き抜けを備え、円形であるために、旧税関長室は他では味わえない珍しい形に。また、幾何学形は床や手すりといった細部にも展開され、土木的な土地柄に立地する税関の性格を、建築の個性に変えています。

海と空の青、陸の白の間を赤い円で結んだ税関旗。時計塔にはためく、この税関旗のシンボルにも通じる建築デザインといえます。

1. 直線をバランスよく組み合わせた階段の手すり。幾何学の組み合わせが美しい。2. 旧税関長室のドアに南洋の植物を思わせる装飾が施されている。エキゾチックなモチーフが使われているのは税関が海外との窓口であることから。3. かつて貴賓室として用いられた旧税関長室は格調高い古典主義様式。4. 時計塔へと上がる階段。塔内部は４層になっている。

4

The Inui Family Former Residence

no.03

Setsu Watanabe

1936

1936年／渡辺節／RC造・一部木造 3階・地下1階

旧乾邸

重厚かつ繊細なめくるめく山手の邸宅

1

瀬戸内海を望む山裾に、実業で名を成した人物の豪邸が多く建つ住吉・御影地区。国内でも他にはない場所です。ここに建築家・渡辺節は、先代から受け継いだ乾財閥を発展させた四代目・乾新兵衛のために、大きな構えの邸宅を設計しました。

訪れる者は玄関までに何度も向きを変えることになります。正門から右手へと近づけば、車寄せが建物から突き出しています。その列柱越しに置かれた小さな噴水が注意を引きます。水が出る所がユーモラスな羊の彫刻になっていると気づいた頃、身は長い車寄せの下にあるでしょう。左にターンして、修道院の回廊を彷彿とさせる重厚で素朴な空間を進みます。左手に現れる扉を開くと、そこが玄関。圧倒される吹き抜けの玄関ホールが、右手に待っています。

玄関ホールの階段は重々しい様式です

2

3

1.吹き抜けのゲストルーム内の階段は、重厚感と軽快感が絶妙に調和した工芸品。2.正統な古典主義のデザインで彫刻されたチーク材の内装が重厚感の源。3.ゲストルームの中心的な存在である暖炉。足元の大理石やレンガも時を経て味わい深い。

Data

通常非公開、年に数回特別観覧を開催
（往復はがきによる事前申込制）

Access

兵庫県神戸市東灘区住吉山手5-1-30
／阪急「御影」徒歩15分

が、あっさりと華麗なステンドグラスが隣り合っています。隣のゲストルームも、住宅というよりも社交場を思わせる包容力のある空間。そこには、可憐な手すりの階段が添えられています。

重厚さと繊細さが人の動きに沿って、めくるめくように現れます。建物内部でも外部でも、機知に満ちた細部が人に喜びを与えるのです。それを下支えしているのは、内外を同時に設計し、上下階と中廊下で公的性格と私的性格を上手に分けた合理的な平面構成。渡辺節は、倶楽部やビルといった社会的な建築で名を馳せました。そんな建築家らしい、個人の趣味に寄り添いすぎない邸宅です。

煌めく光の中で
ゲストを迎える

1

3

4

5

6

2

1.ゲストルームに光を呼び込む南向きの大きな窓は、斜め格子のステンドグラスとなっている。2.玄関ホールの階段が最後に行き着く3階部分はバルコニー状に突き出して、吹き抜けの空間に興を添える。3.玄関ホールへの入り口は、大きなガラスと鉄でできた繊細な扉で、階段の重厚感との対比が印象的。4.玄関ホールの階段手すりは盤石そのもの。5.暖炉の中で薪を置いて燃えやすくする「ファイアードッグ」の表情も個性的。6.ゲストルーム内の階段手すりは植物のつるのように流麗。

1

2

1. 玄関ホールのガラス扉から車寄せ越しの日差しを眺める。内部と外部の関係が層を重ねるように丁寧に調整されている。2. 車寄せの天井は緩やかなアーチを描く。3.下に見えるのはゲストルームのステンドグラス。上のバルコニーの向こうに3階のサンルームが位置する。4. 羊の頭部から流れる壁泉が、門から玄関に歩む途中のアイストップに。5.2階の浴室の天井は伸びやかなアーチ状。窓も広く、明るい清潔感がある。6. 車寄せは正統な古典主義のデザインとせず、石やタイルの仕上げに粗さを残して、素朴な魅力に。

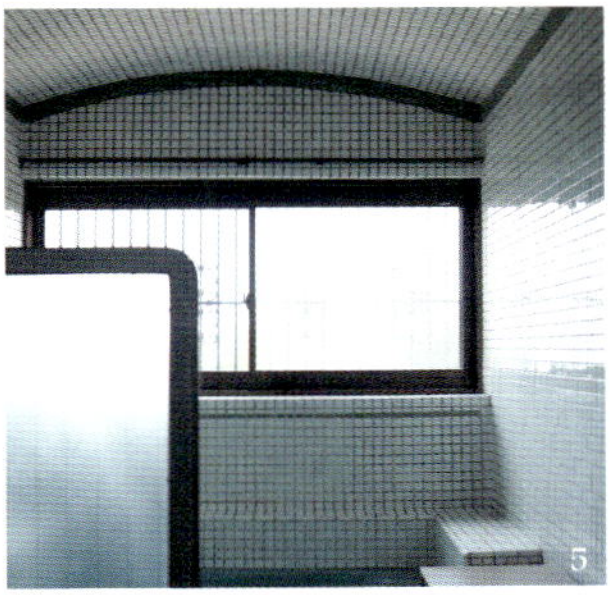

回廊のような車寄せは
あえて粗さを残して

Kobe College

no.04

William Merrell Vories

1933

1933年／W.M.ヴォーリズ／12棟のヴォーリズ校舎が現存

人間を育むヴォーリズの建築空間

神戸女学院

1

丘に拓かれたキャンパスの内部は、建築家・ヴォーリズのワールドです。共通の趣味が横たわる中でも変化に富み、外界と切り離された小宇宙ができあがっています。

それは素朴で凛とした正門・門衛舎《もんえいしゃ》から始まります。門扉で視線を拒絶することがないのは、門扉から曲折した道が続き、内部が窺い知れないからでしょう。

1. 講堂のアーチ天井が学生たちを包み込む。正面の両脇にはアラベスクの透かし文様。2. 礼拝堂は天井の低い側廊が片側だけにある変則的な形式。窓からの光がより印象に刻まれる。

木立の中に最初に現れるのは4階建ての音楽館です。風合いあるタイルが蔦のように壁に這い、バルコニーや塔屋はアラベスク文様で彩られています。頂上で見下ろすのは笛を吹く少年の風見飾り。広い壁面は、さまざまな細部がせめぎ合うカンバスとなり、この先に変奏されるロマンティックなスタイルを予告しています。

神戸女学院は１８７５年、アメリカから派遣された二人の女性宣教師によって

Data

通常非公開、年間10日程度の一般公開日あり（事前申込制）

Access

兵庫県西宮市岡田山4-1／阪急「門戸厄神」徒歩10分

1

2

創立された、全国でも最初期の教育機関です。１９２０年代末に現地への移転を決め、ヴォーリズに設計を一任しました。

完成したのは、長方形の広場を中心にしたキャンパスです。西門から入ると、まず北側にある総務館と講堂と礼拝堂をひとつにした建物に到着します。中庭を挟んで図書館、東西に文学館と理学館があります。それ以外の社交館や体育館も含めて、校舎は互いに回廊で結ばれています。閉じた中庭は、実用的である以上に、それぞれの建築と人間の個性が反射して磨き合うためのスペースでしょう。

伝道のために来日したヴォーリズ。建築空間が人間をつくる上で影響すると信じ続けた、彼の構想力の大きさが知れる建築群です。

気品ある講堂の伸びやかな空間

3

1.小さな鏡を組み込み、その外形と木目の向きを合わせた丁重なドア。2.大聖堂のステンドグラスはシンプルに。単色にした光は学び舎らしい静謐さ。3.講堂への入り口。扉上部の目地だけを放射状に変え、アーチのような感覚を与えている。4.講堂の舞台を囲むプロセニアムアーチは、素朴なロマネスク様式に基づいている。

廊下に注ぐ
美しい外光

1

2

1. 総務館・講堂・礼拝堂をつなぐ天井の高い廊下。長い空間に落ちる光が効果的。2. 階段の手すりも細やか。3. カラフルな屋根瓦だが、遠目には混じり合った色が落ち着きを与える。4. 正面の十字架でそれと分かる礼拝堂が、キャンパス全体と溶け合う。5. 簡素にして気品ある正門。この奥にキャンパスが展開する。6. 中庭では楕円形と十字の道が4棟を連結している。正面には図書館が、左手には文学館。

5

4

3

6

表情の異なる
タイルを散りばめて

1

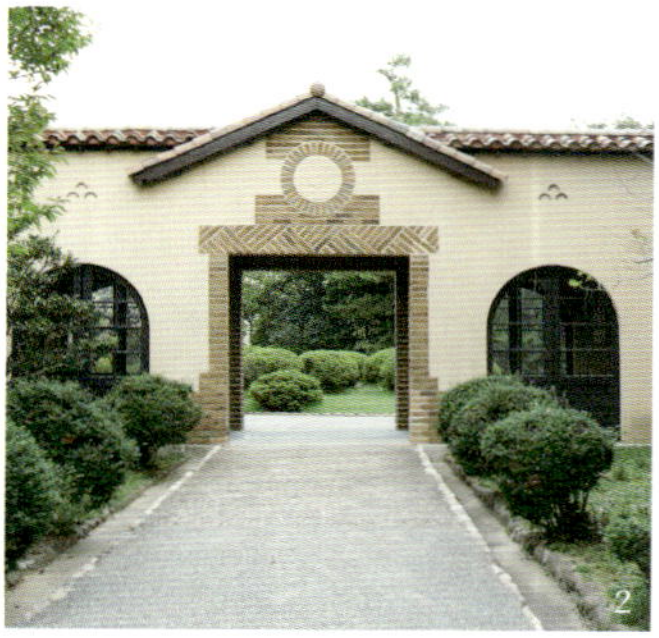
2

3

4

5

6

7

8

9

1.種類の違うタイルを市松模様にした文学館の玄関の壁。光沢のあるタイルやザラザラしたスクラッチタイルは1枚1枚の表情がまた異なる。2.校舎を結ぶ回廊はスペイン瓦が効いた、民家のような表情。3.社交館の暖炉を飾るのは目を引くタイル。4.バルコニーや塔屋がアラベスク文様で彩られた音楽館。5.図書館玄関の天井は細やかな唐草文様で、幾何学的な装飾を構成。6.総務館の中庭に面した正面。7.図書館の吹き抜けの閲覧室。北向きの窓から射し込むやわらかな光が、梁に施された装飾を照らす。8.天然素材を生かした空間に自然の光が似合う。9.図書館の閲覧室の上にも、らせん階段で結ばれた心地よい空間が待っている。

Koshien Hall

no.05

Arata Endo

1930

1930年／遠藤新／RC造 4階・地下1階

甲子園会館

F・L・ライトの遺産を受け継ぐ壮麗な建築

1

20世紀、世界で最も有名な建築家の一人がフランク・ロイド・ライト。大正時代には長い生涯の中でも例外的に、アメリカ以外の場所で作品をつくり、日本に大きな影響を与えました。その中心となった帝国ホテルの建築は今は存在しませんが、明治村に移築された玄関部分だけでも、ライトの革新性が分かります。

その正統な遺産をもうひとつ挙げるとしたら、この甲子園会館でしょう。どんなホテルにするか、ライトの招聘《しょうへい》を実現させた元帝国ホテル支配人の林愛作《あいさく》に全権が委任されました。和洋の長所を兼ね備えたホテルを実現したいと林は考え、帝国ホテルでライトの右腕を務めた遠藤新に設計を託します。

リゾートホテルの敷地は、風光明媚な武庫川の岸辺。有名な甲子園球場など、遊園地や住宅地を含む総合レジャーセンター開発の一環として計画されました。

2

1.天井までの大きな暖炉。球形と円形を繰り返す独特のデザインが施されている。2.小ぶりな暖炉があるバー。床には色とりどりの泰山タイルが敷き詰められている。

Data
見学は毎月の指定日に事前申込制
Access
兵庫県西宮市戸崎町1-13／JR「甲子園口」徒歩10分

打出の小槌をモチーフに

都市型の帝国ホテルとはまるで違います。遠藤はライトに学んだ有機的建築の思想で応えました。すなわち、大きいものから小さなものへと自然に連続するように設計することで、確かな人間の場所を環境の中に打ち立てようとしたのです。

空間でいえば玄関のある中央部にロビーやラウンジを連ね、その左右に続く手を広げたような短い廊下から各客室に導くことで、洋の社交性と和のプライベート感を両立させました。デザイン面でも「打出の小槌」などの日本の要素を取りこみ、大柄さを払拭。変化に富んだ敷地にも合っています。表面的な「ライト式」とは違った、日本に継承されたライトの遺産は関西で守られています。

1. 正面から見た中央が玄関。左右にロビーやラウンジ、両端に客室が配置されていた。2. 天井の高いレセプションルーム。南側の大きなガラスドアはテラスへと続く。3. バンケットホールは天井一面が市松模様の照明に。柱の装飾も温かな明かりを添える。4. 打出の小槌という縁起の良いモチーフが各所に見られる。5. 流れ落ちるものが固まったかのようなバンケットホールの装飾。6. バンケットホール手前にある噴水をあしらった小階段。

3

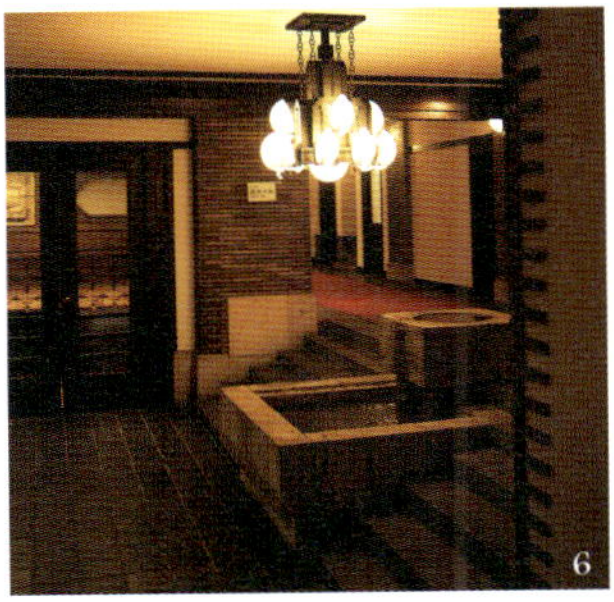
6

5

4

3

1

4

2

5

松林に合わせて
緑色の屋根瓦

1. 貝殻を思わせる照明シェードが様々なパターンで使われている。2. 玄関ドアにはかつてのホテルの名残りが。3. 正面から見て左右に目立つ塔に厨房や暖炉の煙道を集約。テラコッタとボーダータイルで仕上げている。4. 屋根瓦は周囲の松林に合うように緑色とし、最も高いところには打出の小槌をデザイン。5. 南側に広がるテラスが東西の客室棟を結ぶ。6. 東ホールの複雑な天井の形。貝殻を集めたような照明が下がる。7. 最上階4階の客室は数寄屋風の遊びのある室内。

Hakutsuru Fine Art Museum

no.06

Takenaka Koumuten

1934

1934年／竹中工務店／
SRC造 地上２階

Data

春季・秋季の展覧会開催時のみ開館

Access

兵庫県神戸市東灘区住吉山手6-1-1
／阪急「御影」徒歩15分

白鶴美術館

和を軽やかに
取り入れた
洒脱な美術館

1

3

2

1.玄関のある別館と展示室のある本館を結ぶ渡り廊下。2.鉄筋コンクリートの柱と梁をつなぐ部分にも、仏教寺院の梁の形状が。3.1階の展示室の天井は、格式ある江戸時代の書院造の中でも最上級とされる折上格天井。左手の展示空間は、床の間のようにしつらえている。4.中庭には創設者にゆかりの深い東大寺大仏殿前金銅製八角燈籠の写しを据えている。

館の創設者は古美術に造詣が深い嘉納治兵衛《じへえ》（雅号鶴翁）。創業1743年、灘の酒蔵の中でも屈指の歴史を誇る白鶴酒造の7代目です。収集品を自分だけで愛でるのは良くないと考え、それらを社会一般に公開するために設立しました。

建築の特徴は和風デザインの大胆な採用です。窓は洋館と同じ縦長で、構造は最新の鉄骨鉄筋コンクリート造。それにも関わらず、大きな反り屋根がかかり、寺院に由来する形態が多く見られます。

美術館は日本の伝統には本来なかった建物。その中に入るのが東洋美術であるため、こうしているのです。するとたいていは、重々しくなってしまうもの。でも、これは例外的にうまくいっています。風が抜けるような、和の軽やかさが感じられます。なぜでしょう。

4

渡り廊下の経験がよみがえります。玄関のある事務課と展示室である本館をつなぎ、歩いているうちに気分を変えます。廊下の照明には鶴のデザインが。酒銘にちなんだ意匠は、展示室の天井や釘隠しにも施されています。伝統が身近にあり、受け継がれてきた土地だからこそ、それを洒脱で上品に展開できる。関西の設計者の強みが、意匠の随所から感じとれます。

渡り廊下とセットで生まれた中庭には、創設者の鶴翁にゆかりの深い、奈良の国宝・東大寺大仏殿前金銅製八角燈籠の写しが据えられ、日本と大陸の文化が切り離せないことを伝えます。東洋美術を中心とした収集品をはじめ、建築デザイン、中庭にいたるまで、戦前の関西が有していた、東洋の枠組みの中で自国文化をとらえる教養が息づいています。

各所にひそむ鶴の意匠

2

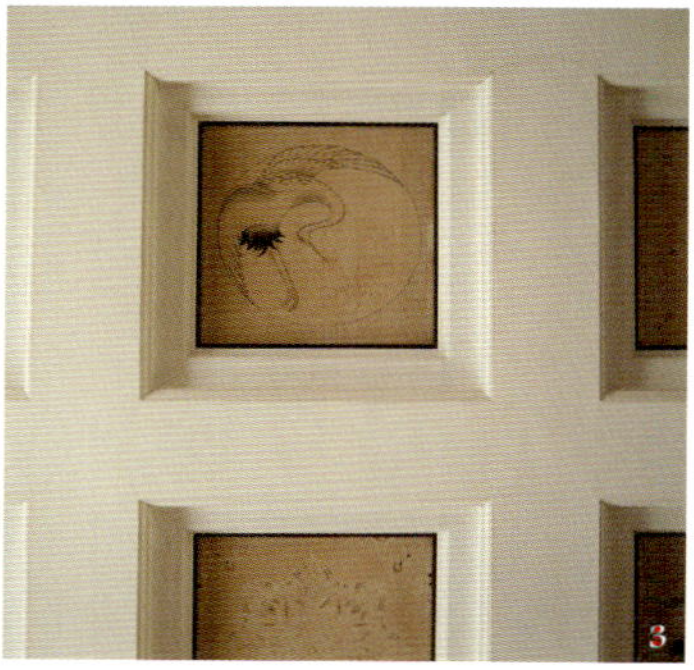
3

4

1

1.展示室の釘隠しは、鶴が優雅に舞うデザイン。2.玄関の照明にも鶴のシルエットが浮かぶ。3.2階の展示室の格天井にも数多くの鶴が描かれている。4.暖房器具のグリルは手の込んだ東洋的な意匠。なお、一般非公開の応接室のもの。5.玄関から中庭越しに本館を望む。

5

Weathercock House

no.07

G.de.Lalande

1909

1909年頃／ゲオルグ・デ・ラランデ／木造建 2階

風見鶏の館

建主の故郷に
想いをはせる
坂の上の洋館

明治〜大正期の洋館が並ぶ北野異人館のシンボルです。階段の小道を上がった北野町広場の正面に建っています。見上げた頂上には、どこかとぼけた顔の風見鶏。急勾配の屋根も赤レンガの壁も、あまり見慣れないかたちです。

異国情緒を感じさせる姿が、北野異人館の観光地化に貢献しました。1970年代後半の連続テレビ小説「風見鶏」の舞台となったことで注目され、神戸市が

2

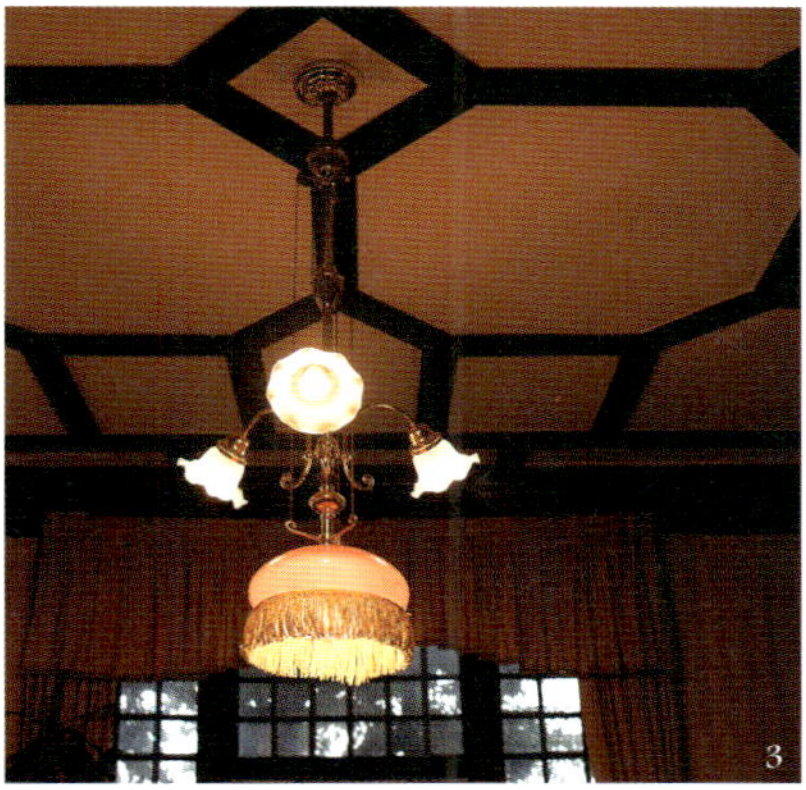
3

4

1.1階と2階に広いベランダがあり、それを木製の壁で覆った側面は軽快な印象。2.応接間のコーナーに設けられた暖炉。左手の写真にゴットフリート夫妻が写る。3.1階の居間のペンダント照明は滑車とチェーンで、上下に動かせる。電球が暗かった当時、手元を照らすための仕組みと考えられる。4.食堂の暖炉脇のステンドグラスは、自然の形態を曲線的に図案化。当時のドイツの新様式・ユーゲントシュティールの影響が見られる。

Data

開＝9:00〜18:00
休＝2月・6月の第1火曜
入館料＝500円

Access

兵庫県神戸市中央区北野町3-13-3／JR「三ノ宮」、阪神・阪急「神戸三宮」、地下鉄「三宮」徒歩15分

取得して、館を整備。周辺の小道や広場も街並み整備でつくられたものです。

建物は、ドイツ人貿易商ゴットフリート・トーマス一家の住まいとして建てられました。部分ごとの雰囲気が強く印象に残ります。門に掲げられた「Rhenania」は、トーマスの故郷であるライン地域をラテン語で記したもの。1階の食堂のインテリアには、その地域に建つ古城のデザインが用いられて重厚です。ただし、他室は一転、窓が大きい軽快な部屋も。

昔の故郷をなつかしむだけの建物ではありません。ステンドグラスや書斎の壁板には、ドイツの新様式であるユーゲントシュティールを先駆けて取り入れています。

閉じた統一感よりも、ここではないどこかへ各部屋から想いを馳せさせるロマンティックな住まい。風見鶏がそんな性格の象徴となって、早くから人びとの心を動かしてきたのにも納得です。

1

3

4

2

5

細かな装飾が部屋を彩る

1.1階の書斎には窓を張り出した談話スペースがあり、一家が暮らした当時からの中国風家具が置かれている。2.1･2階のホールを結ぶ階段。両階ともホールを中心に趣の異なる部屋が配置されている。3.急勾配の屋根に風見鶏が載る。4.書斎の腰板にはロートレック風の絵。5.食堂の腰板はライン地域の古城を思わせるデザイン。

The Kodera Stable

ドーム屋根の美しすぎる馬小屋
旧小寺家厩舎

no.08

Kozo Kawai

1907

1907年頃／河合浩蔵／レンガ造 2階

Data

内部非公開　開＝[相楽園] 9:00～17:00　休＝木曜　入園料＝300円

Access

兵庫県神戸市中央区中山手通5-3-1
相楽園内／JR・阪神「元町」徒歩10分

1

3

2

馬小屋です。それが国の重要文化財に指定されているのです。一帯は明治維新以降に神戸の大地主となった小寺泰次郎の自邸でした。彼は明治の半ばから末にかけて日本庭園を整備し、庭園は現在、「相楽園」として一般公開されています。土地が神戸市の所有となった1941年には本邸なども建っていましたが、神戸大空襲によって焼失。どれほどの屋敷だったのかと、今に残されている立派な門と厩舎《きゅうしゃ》を目にするだけでも想像させます。

その長男で戦後初の公選市長となる小寺謙吉が建てた厩舎は、上から見るとL字形をしています。南北棟が吹き抜けの馬房。中央部は換気用にさらに上がっていて、それらを掛け渡している木造トラスの小屋組が率直で美しい眺めです。

東西棟の部分は屋根の高さは同じですが、2層になっています。1階に馬車や自動車を収め、2階は厩務員室と馬糧倉庫。行き来するらせん階段の形が、建物の端にある円筒形を生んでいます。

お屋敷の付属物とは思えない厩舎の存在感には、小寺の財力だけでなく、設計者である河合浩蔵の力量が働いています。階段室に尖ったドーム屋根を載せるなどし、通常の建築ではないからこその性格が与えられました。レンガの壁や木造の小屋組を実直に見せつつ、人間が主役ではない大きさの感覚から、不思議な魅力を創造しているのです。

4

1.馬がいた場所は風通しが良いように吹き抜けで、高い窓からの光が小屋組を照らす。2.ドイツの木造民家などに見られる材の組み立てが、存在感のある外観をつくっている。3.螺旋階段に光を落とす、塔に開いた縦長窓。4.赤レンガと石で仕立てられた外壁。

Shinko Building

no.09

Kinoshita Masujiro

1939

1939年／木下益次郎／
SRC造 8階・地下1階

アメリカの摩天楼に学んだオフィスビル 神港ビルヂング

1

2

当時最新のアメリカ式オフィスビルとして、1939年2月、旧居留地の一等地にお目見えしました。神戸初の集中式冷暖房設備を完備し、入り口の回転扉が空調を逃がしません。市松模様に敷かれたタイル床を踏みしめ、胸を張ってアーケードを進むと、3機ものエレベーター。メールシューターも備え、郵便を出すなら1階まで降りる必要すらないのです。

ビルは神戸で誕生した造船業のパイオニア・川崎造船所と、東京海上火災保険の共同出資でつくられました。明治初めから日本の海運を支えてきた2社の歴史と先駆性を示しています。

「アメリカ式」なのは機械設備だけではありません。窓は四角く、外壁の花崗岩をはじめ各部に良質の素材を使いながらもデザインの大半はあえてシンプル。が

3

1.すりガラスに浮かぶ帆船。ビルは近代日本の海運を支えてきた川崎造船所と東京海上火災保険の共同出資でつくられた。2.エレベーターの脇にメールシューターが備え付けられ、今も現役。3.光沢あるタイルと連続アーチが味のある地下の食堂。

Data

オフィスビルのため上階の立ち入りは不可。1階のカフェは一般利用可

Access

兵庫県神戸市中央区海岸通8番地／JR・阪神「元町」徒歩7分、地下鉄「旧居留地・大丸前」徒歩4分

っしりと固まった形が、最頂部の塔の華やかさを支えています。造形面でも当時、アメリカが先端を走っていたアール・デコの摩天楼に学んでいるのです。
　戦前の最後期に建ったビルとして全国でも貴重です。１９３７年からの日中戦争で資材統制が始まる中、三菱商事などの協力で例外的に設計通りに完成しました。これ以前でも以後でもない頑強な品格は、港町の歴史の重みに根ざして実現しました。戦中・戦後の苦しい時期を乗り越え、誇り高く輝いています。

1. 塔の内部にアール・デコの文様が映る。2. アメリカの摩天楼を思わせる塔のデザイン。3. 2つの光庭をとり、内部に十分な採光を確保した。4. 小さなタイルを貼り込み、清潔な印象を与える廊下。5. 入り口の回転扉も当初からのもの。風格あるアーケードがエレベーターホールまで連続する。

内部空間まで貫かれた品格

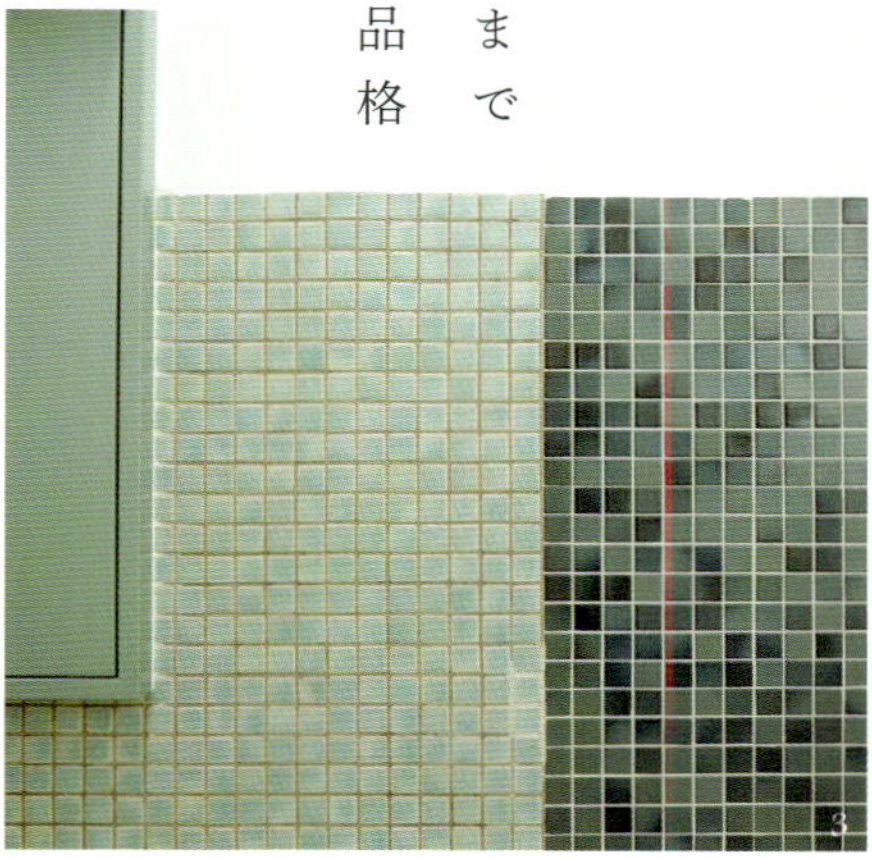

Design and Creative Center Kobe

no.10

Eiji Shimizu

1927

Akira Oshio

1932

港の歴史を刻む生糸検査所がデザイン施設に

デザイン・クリエイティブセンター神戸

[旧館] 1927年／清水栄二／RC造4階
[新館] 1932年／置塩章／SRC造4階

1

2

明治から昭和初期にかけて、日本の輸出産業品の根幹を支えた生糸。現在の旧館が完成した年には、約3割が神戸港から出荷されていました。1923年の関東大震災で、それまで生糸貿易を独占していた横浜港が大打撃を受け、神戸港が役割の一部を代替することになったのです。生糸の品質検査の業務も急増します。新たに検査所が鉄筋コンクリート造で建

1.旧館の階段は手すりも天井も曲面で構成され、ハーモニーを奏でる。2.浮遊感のある階段の見上げ。3.できあがったばかりの生糸のような、生き生きとしたデザイン。

3

Data

開=9:00〜21:00
休=月曜(祝日の場合は翌日)

Access

兵庫県神戸市中央区小野浜町1-4／JR「三ノ宮」、阪神・阪急「神戸三宮」・地下鉄「三宮」徒歩20分

設され、市営から国営に移管された32年には旧館の倍以上の床面積を持った現在の新館が建てられました。

港にそびえる二棟は、昭和初めの一時期、生糸輸出の拠点だった神戸の歴史を物語っています。29年の大恐慌以降、国際関係の悪化によって貿易高は減少。生糸輸出は戦後の合成繊維の普及で競争力を失い、74年に終了します。

魅力的なのは、こうした大きな物語に要請された建造物に潜む工芸的な細部です。製糸業が手の産業だからでしょうか。どちらも中世の建築のスタイルを基調にしながら、旧館はロマネスク風のやわらかさ、新館はゴシック風の構成感を独自に展開し、異なる二つの雰囲気が楽しめます。

社会的役割を引き受けた創造的な細部が、デザインの視点で人をつなぎ、社会的な問題を解決していくという、現在の用途にも共鳴します。

1

3

2

旧館と新館のコントラスト

5

4

1. 新館はゴシック様式を基調としている。2. 中世のお城を思わせる旧館の玄関左右の柱。3. 薊をモチーフとした旧館の装飾。4. 新館の外壁にはスクラッチタイルを用いた。5. 異なる表情のタイルが組み合わされている。

Kobe Shosen Mitsui Building

no.11

Setsu Watanabe

1922

1922年／渡辺節／SRC
造7階・地下1階

海岸通りの
顔となった
華麗なるビル

神戸商船三井ビル

1

1.機能性と格式をあわせ持った上階オフィスへの玄関。照明器具は蛍光灯の形状を生かし、天井に光の模様を描く。2.廊下の電話配線盤は完成当時からのもので、現在も使用されている。3.タイルの耐久性を生かし、変わらない床の装飾。4.オフィス階の幅の広い廊下と高い天井。

Data

1、2階にはショップが入居

Access

兵庫県神戸市中央区海岸通5番地／JR・阪神「元町」徒歩7分、地下鉄「旧居留地・大丸前」徒歩4分

乗船者たちは神戸の海岸通りを真っ先に目にします。そこは上海のバンドのように洋風建築が建ち並ぶ通りでした

この旧大阪商船神戸支店の設計が渡辺節に依頼された際、海から見て右隣には、当時日本一とうたわれたオリエンタル・ホテルが存在しました。設計者は風見鶏の館を手がけたドイツ人建築家のラランデ。通りをはさんで河合浩蔵の旧三井物産神戸支店（現・海岸ビル）が堂々とした趣で、その向こうには曾禰《そね》達蔵の旧日本郵船神戸支店（現・神戸郵船ビル）がすでに建っていました。どちらも渡辺とは親子ほどの年の建築家による作品です。

国際的な商社や商船会社といった先輩たちが居並ぶ中、ビルは最新の合理性を引っさげて1922年に完成しました。

下は重厚な石積み。そこから5階分の高さの柱が立ち上がり、トップはコーナーの盾状の装飾をはじめ華麗にまとめ上げています。基本に忠実な三層構成の外

1

2

当時のエレベーターは今も現役

観が、場所に根ざした安定感を与えています。

鉄骨を組み、その周りのコンクリートは2ヵ所からつくり始めて工期を短縮。外壁の大部分にテラコッタと呼ばれる焼き物を用いるなど、アメリカに学んで素材を安価に機械設備を充実させました。

立派で、安く、頑丈につくる力量を示し、当時37歳の渡辺節に多くの仕事をもたらした出世作。今も現役で稼働中です。

1.以前は乗船客に応対する窓口だった吹き抜けの空間は、コリント式の柱頭をはじめ、古典主義的なデザインでまとめられている。2.開業当初のエレベーターが、今も手動で動かせるように整備されている。3.軒下まで細やかな装飾。4.1階の荒々しい外壁は鉄骨鉄筋コンクリート造の構造体に石を貼ったもの。本物の厚みが重厚感を生み出している。5.海岸通りの顔である外観。

Kwansei Gakuin University

関西学院大学

環境と共に築かれたキャンパス群

no.12

William Merrell Vories

1929

［時計台（旧図書館）］1929年／W.M.ヴォーリズ／RC造 2階・地下1階

１８８９年、アメリカ南メソヂスト監督教会から派遣された宣教師が関西学院を創立しました。１９２９年に現地に移転。完成したキャンパスを第４代院長のベーツは「We have no fence（我々にはフェンスがない）」と評しました。

これほどに周囲の景観と共にあるキャンパスも珍しいのではないでしょうか。大学のシンボルは時計台です。その姿は後ろに見える甲山《かぶとやま》と呼応して、選ばれた土地に人間の場所を築いた感は一層高まります。そこから緩やかに東に下がった斜面は、芝生が覆う広場です。両側に並ぶ校舎は、時計台と同様のスタイル。統

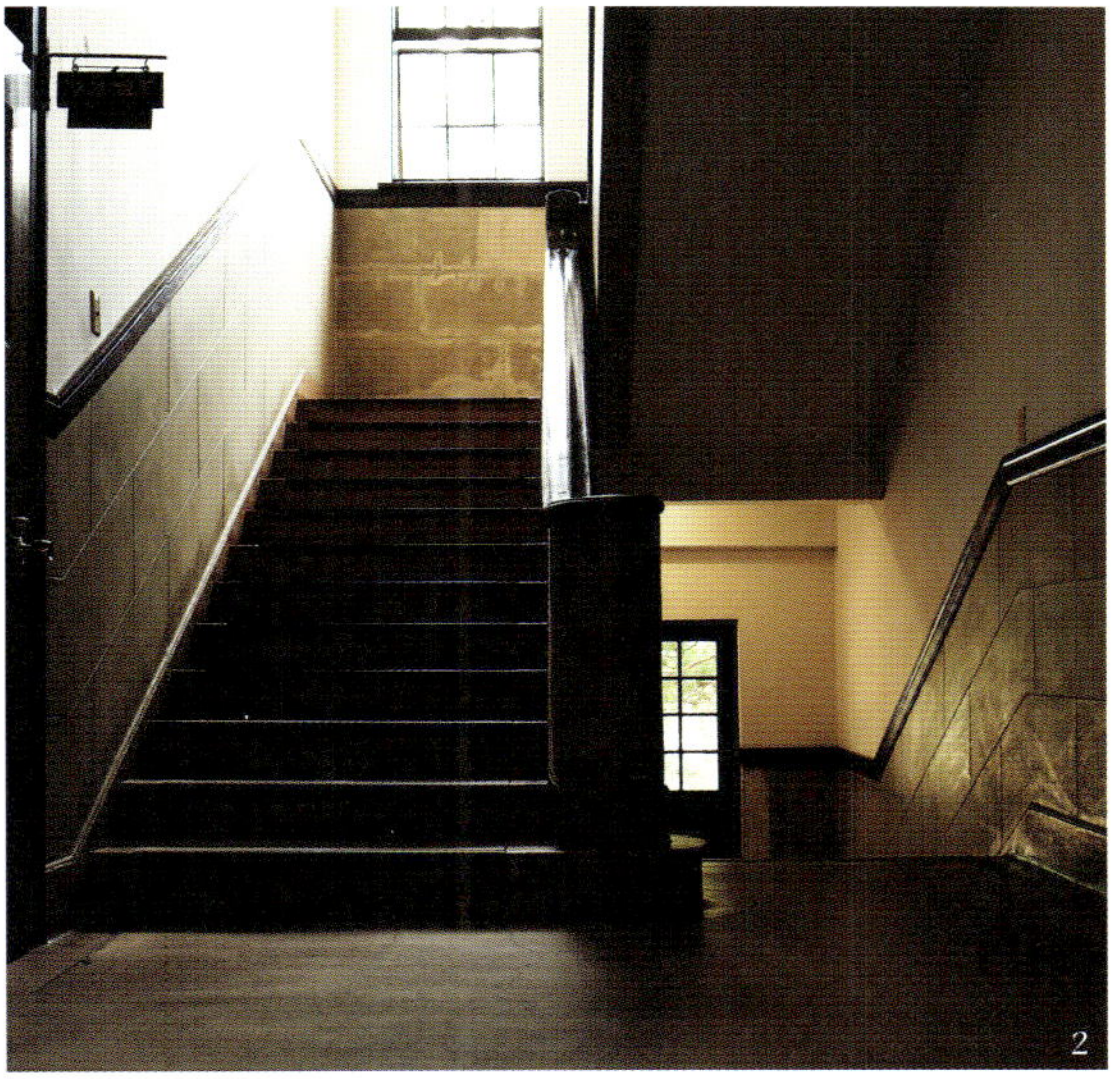

2

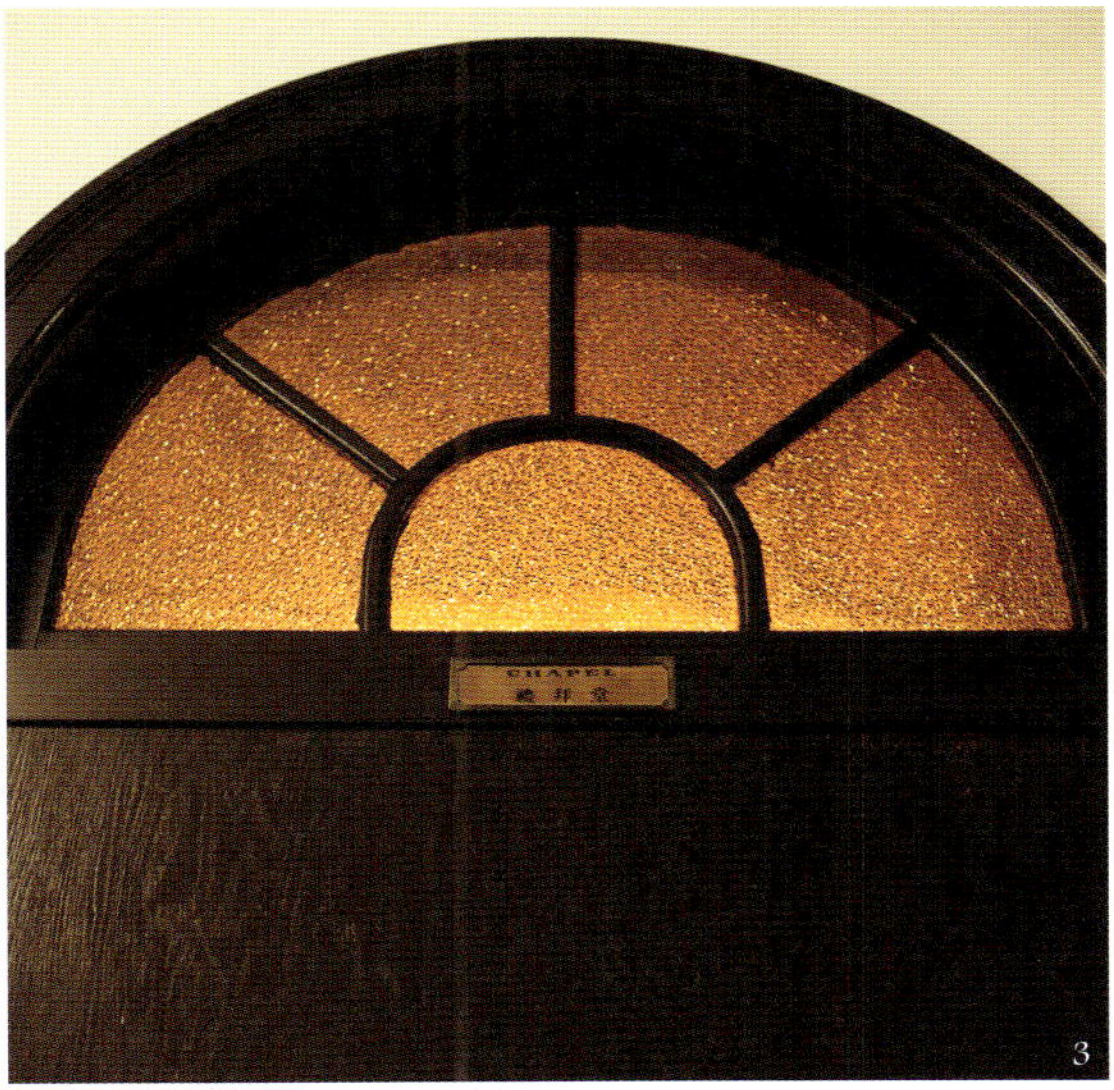

3

1.石の素材感を生かした階段に、差し込む光が陰影を施す。2.木製の手すりや鉄製の窓枠が、数多の学生を見守ってきた。3.校舎群の中に位置する礼拝堂の入り口。

Data

校舎内は立ち入り不可
開＝［関西学院大学博物館（時計台）］
9:30〜16:30
休＝時期により異なる

Access

兵庫県西宮市上ケ原一番町1-155／
阪急「甲東園」「仁川」徒歩15分

一感を持ちながら、それぞれの内外部に固有の絵になる光景を秘めています。

広場は西側から校舎群に抱擁されることで人々を迎え入れ、閉じてはいません。東側に建物を置かず、広場への道は住宅地に連続。学生と近隣の家族が共に憩う、垣根のない光景が実現しています。

同じくヴォーリズが手がけた神戸女学院のキャンパスとは、歩いて行けるほどの距離にあります。設計の時期も近く、スパニッシュ・ミッション・スタイルを基調にしたデザインは共通しているにも関わらず、その性格は大きく異なります。

浮かび上がるのは、敷地と使い手の個性を鋭敏に全体計画に反映させる姿勢です。彼が多く手がけた住まいのように。経営と文化を両立させてキャンパスを維持している大学の高い意識が、ヴォーリズが単なる細部の遊びに終わらない骨太な思想の持ち主であることを伝えます。

1

2

3

4

5

6

気品を感じさせる階段室

1.鮮やかな瓦屋根、隅で重なる柱型など、スパニッシュ・ミッション・スタイルの特徴がよく現れた時計台。2.簡素だが気が配られた手すりのデザイン。3.時計台の天井に装飾されたアラベスク文様。4.階段の床は鮮やかなタイル。5.階段の縁を小さなタイルが丁寧に巡る。6.清潔な気品を感じさせる時計台の階段室。

1

甲山を背景に
シンボルの時計台

2

1.甲山を背景に大学のシンボルである時計台が建ち、広場を校舎群が囲む。2.礼拝堂のゆがみガラスが周囲の風景をやわらかく映す。3.外部から光を取り込む工夫がデザイン面でも効果的。4.要点に濃厚な装飾を配するスパニッシュ・ミッション・スタイル。5.デザインされた金物が露わにされた小屋組。誠実な印象を高めている。6.静謐な礼拝堂の内部。

5

4

3

6

河合浩蔵

江戸から神戸へ 思いがけない 転身ストーリー

かわい こうぞう◎1856年、江戸に生まれる。1886〜88年、ドイツにジョサイア・コンドルや妻木頼黄らと共に留学。帰国後、司法省建築主任を務め、1905年に49歳で独立して神戸に設計事務所を開設。本書掲載以外の現存作品に旧日濠会館（現・海岸ビルヂング、神戸市中央区、1911）、神戸市奥平野浄水場施設旧急速濾過場（現・神戸市水の科学博物館、神戸市兵庫区、1917）など。1934年没。

河合浩蔵が設計した《旧小寺家厩舎》と《新井ビル》を本書で紹介しています。他に大阪の《造幣博物館》、神戸の《海岸ビルヂング》や《神戸市水の科学博物館》といった設計作も。十分な現存数ながら、あまり有名でないのは関西で活躍した建築家だからかもしれません。

生まれは江戸の本所松倉町（現在の墨田区東駒形）。工部大学校の第四回卒業生ですから、国内で本格的な建築教育を修めた人間として11人目にあたります。貴重な人材です。それにふさわしく、ある時期までは西洋化する日本を建築で支える主流にいました。

卒業後は皇居造営に関わり、皇居前広場から皇居に架かる石橋の欄干・飾電灯のデザインは河合によるものです。

1886年の造家学会（現・日本建築学会）設立時には、辰野金吾と並んで4名の創設委員の一人に。東京に議事堂や官庁街などを整備し、都市を改造しようという「官庁集中計画」が始まると、その設計者であるベルリンのエンデ&ベックマン事務所に派遣されました。

しかし、翌年に条約改正の失敗で井上馨が失脚。彼が推進していた官庁集中計画は消滅します。日本に戻された河合は、官庁集中計画の一部としてデザインされた《法務省旧本館》（『東京レトロ建築さんぽ』P.85）の実施設計を担当。これが中央から関西への転身のきっかけになるのですから、人生は分かりません。

司法に関連する建物ということで、次いで大阪と神戸の控訴院（現在の高等裁判所にあたる）の設計が依頼されます。競争相手のいない未開拓の場として、関西は意外と良いのではないか。暮らしているうち、そう思ったのでしょうか。1905年に独立して設計事務所を構える際、河合が選んだ地は神戸でした。

これが的中します。日露戦争後の社会の発展に伴い、本格的な洋風建築を必要とした神戸や大阪の人々の前に、豊富な経験を積んだ河合がいました。多くの依頼を受けた河合ですが、留学先のドイツで親しんだ重厚なバロック様式と幾何学的な新様式との間で一作一作、創意を凝らしているのが、現存する作品からうかがい知れます。晩年の作品まで楽しそう。転身は成功だったのでしょう。

II

Osaka

大阪

正統なるレトロ建築の街、社交の都市

大阪の「レトロ建築」の充実ぶりは、すでにご承知かもしれません。中心部の中之島には《大阪市中央公会堂》13があります。今から約100年前、大阪で事業に成功した岩本栄之助が街に恩返しがしたいと、公会堂を建設する巨額の資金を大阪市に寄付して建てられました。大阪の街には川が東西に流れています。川が二手に分かれた間に中之島が位置します。市民の市民による公会堂は、水辺にあることを意識したデザインで、遠目にも威風堂々。「川の街」「民の街」を代表しています。

大阪の活気は川と民によってつくられてきました。全国との交通に適した土地として目を付けた豊臣秀吉以来、各地の商人が誘致され、豪商は水路を開き、日本一の経済都市となりました。

そんな安定した地位は、近代に一変します。変化を象徴するのが中之島です。かつては全国の大名の蔵屋敷が並んでいましたが、開国後は無用の長物に。混乱期を経て、近代経済の重要地と認められた《日本銀行大阪支店》16、業務転換に成功した住友家が大金を寄付した《大阪府立中之島図書館》19、大阪市中央公会堂などの洋風建築が代わって現れます。

19世紀の西洋には、過去の建築の名作への憧れがありました。それにさらに憧れてつくられたのが日本のレトロ建築。近代の大阪はその宝庫です。

開国の前から、自然の地形と人工の建設があいまって成立した大阪。街は分かりやすく構成されています。ここからは中之島を中心に、歴史軸と地理軸を拡げていきましょう。

中之島の北は、道路の向きが不規則なことからも分かるように、近現代に発展した場所。大阪駅は1874年に開業し、現在は5代目の駅舎です。

東側、川の上流に大阪城があります。《泉布観／旧桜宮公会堂》27は明治に入り、

《綿業会館》15

《大阪市中央公会堂》13

不要になった大阪城関連の敷地に設立された造幣工場の名残りです。川の水は工場の操業にも、《太閤園淀川邸》23のように新たに来阪して成功を収めた実業家の邸宅にも生かされました。近代に必要な公共的な施設がつくられた当地に、昭和初め、《大阪府庁本館》26も完成します。

西には港が位置します。実は大阪も神戸と同じ1868年に開港場となり、居留地が設けられました。しかし、当時の大阪港は水深が浅く、大型船が入れませんでした。外国船はもっぱら神戸に入港するようになります。居留地に開校した《平安女学院》31も京都に移転するなどして、西洋の飛び地の趣は早々と消滅します。

神戸では近接した国際港が、旧居留地や北野の異人館などを育みました。京都では実利とは別種の権威を理解する伝統が、ミッション・スクールや大学の存在を後押ししました。大阪の特徴は、そう

《大阪倶楽部》22

した直輸入の場所を持たずに西洋化したこと。離れているほど、今とは違うスタイルへの憧れは強まります。希求し、想像することがオリジナリティにつながります。これは19世紀のヨーロッパやアメリカの建築界と同じ現象。大阪のレトロ建築はいたって正統なのです。

中之島の南には江戸時代からの町人地・船場の整然とした街区が広がります。それぞれの様式をまとって、品格ある《原田産業株式会社大阪本社ビル》14、個性的な《芝川ビル》24、アール・デコの《生駒ビルヂング》17をはじめとした主に鉄筋コンクリート造の建物が多数あります。多くが民間の建築です。「社交の都市」であることが、江戸時代から近代を通じた大阪の性格といえるでしょう。川に代表される交通で人や物が往来し、さまざまな出自の民が実利に基づく関係性を築いて成立しています。利を得る取り引きが可能なのは互いが異なるためで、それが続くのは双方に信頼関係があるから。コミュニケーションできる個性が大事です。そこにレトロ建築は向いています。「様式」という共通ルールに基づいて、「〇〇らしさ」として相手に分かるよう、やわらかく自分を伝えるデザインだからです。

船場の《大阪倶楽部》22や《綿業会館》15は民間で建設された社交の場です。自在に様式を操っています。西洋建築という外国語を自らの頭と心で理解し、信頼関係を熟成するお膳立てとして使いこなしています。レトロ建築という文明が第二次世界大戦以前の日本に存在したことは、大阪に来れば分かります。

《生駒ビルヂング》17

II

大阪レトロ建築マップ

13
大阪市中央公会堂

14
原田産業株式会社大阪本社ビル

15
綿業会館

16
日本銀行大阪支店

17
生駒ビルヂング

18
三井住友銀行大阪本店ビル

19
大阪府立中之島図書館

20
船場ビルディング

21
新井ビル

22
大阪倶楽部

23
太閤園淀川邸

24
芝川ビル

25
堺筋倶楽部

26
大阪府庁本館

27
泉布観／旧桜宮公会堂

Osaka City Central Public Hall

no.13

Shinichiro Okada

1918

1918年／原設計＝岡田信一郎、実施設計＝辰野金吾、片岡安／鉄骨レンガ造 3階、地下1階

華やかで合理的な市民の建築

大阪市中央公会堂

1

2

大阪の中心を流れる淀川が二手に分かれた間に浮かぶ中之島にあります。遠くからも目立つ立地に応えた美しさで完成から100年。大阪の象徴のひとつです。大阪市中央公会堂は市民が主役の施設。大小の集会室と会議室で構成されています。今も飾り気のない名で呼ばれているように、計画に無駄がありません。

大集会室が1・2階の大部分を占めています。2階席後ろのカーテンを開けば外に面した窓。部屋の形がそのまま建物の側面であるのが分かります。背面に舞台、正面にロビーが突き出して建物の外

1. 宮殿の晩餐会場を思わせる中集会室。3台のシャンデリアは、大食堂として完成した当初からほぼそのままに残されている。2. 個性的な集会室を結ぶ階段は外周沿いにあり、光が注ぐ。

Data

開=9:30〜21:30　休=第4火曜休
＊貸館施設だが地下1階に展示室、自由見学エリアあり。特別室ガイドツアーも定期開催、事前予約・有料

Access

大阪府大阪市北区中之島1-1-27／京阪・地下鉄「淀屋橋」徒歩5分、京阪「なにわ橋」徒歩1分

形に。ロビー上部に収められた3室の会議室は開館時から「貸間」でした。

無駄のない空間利用は3階も同じです。大集会室の上部には中集会室。デザインがまるで違うので気づきにくいのですが、柱も窓の位置も同一。かつての室名は「大食堂」で、だから茄子や筍といった食材がドアの上に彫刻されているのです。舞台上部の小集会室は前の「中食堂」。木を基調とした室内で、中集会室との仕切りが壁1枚だけとは思えません。

反対側に中集会室と壁を隔てて「貴賓室」、現在の特別室があります。日本神話を描いた壮大な天井画に鳳凰のステンドグラス、国の誇りを担う建築といって過言でない意匠ですが、これは大阪の実業家・岩本栄之助の寄付した私財で建設されたもの。岩本は明治末に訪米し、近代的な市民意識の熟成に大きな集会施設が必要だと感じました。趣旨のとおりに今も多様に活用。威張っていません。同

1

時に貸室の寄せ集めでもない。そんな建築の力で、岩本という一市民の名が歴史に刻まれています。

2

14本の円柱が立ち並ぶ劇場のような大集会室

3

1.大集会室はヨーロッパの劇場の伝統的な形式であるシューボックス型。立ち並ぶ14本の円柱、観客同士も見合うような配置で演劇性を高める。2.3階の特別室は、かつての貴賓室。天井画には、イザナギ・イザナミが国づくりの矛を授かる場面が劇的に描かれている。3.回り階段の中央に設置された完成当時からのエレベーター。

1

2

1. 特別室の正面側には慶祝の象徴である鳳凰。近づけば円の部分はレンズになっており、艶やかさもひときわ。2. 二股になった川からの眺めを受け止める外観。3. 保存再生工事を2002年に終え、現代的な設備を整えた。大集会室にはオリジナルの椅子も保存されている。座板裏に帽子掛けがあり、座面の彫り込みも手が込んでいる。4. 明かりで引き立つ小集会室の天井装飾。5. 鳥と桐の花の刺繍が施された小集会室のタペストリー。6. 大集会室のプロセニアムアーチでは、舞楽「蘭陵王」で使われる仮面と装束をデザイン化した飾りが、舞台を見守る。7. 正面入り口を入った吹き抜けのエントランスロビー。

5

3

6

4

細部の装飾にも
目を奪われる

7

no.14

Shoko Ogasawara

1928

1928年／小笠原祥光／
RC造 2階

Harada Corporation Osaka Head Office Building

原田産業株式会社 大阪本社ビル

斬新で開放的な街なかの社屋

1

光の中で素材が映えます。設計者は自然光がたくさん入るガラス窓を、建築の中心に据えました。斬新な設計です。
外観のバルコニーに人間の姿が見えることはありません。この高さに内部の床はないのですから。代わりに大きな階段があって、このあたりで向きを変えます。

見ものは素材の振る舞いです。階段は身をよじらせ、肌理《きめ》を際立たせています。磨き上げられた木の手すりが後を追います。彫刻された鉄の支えも間で変形します。まるで材料が固さを失った一瞬であったかのようですが、まさか。すべては製図台での作図の成果。また、外観から

1.吹き抜けを介して部屋同士が見合う。2.石と鉄と木が生命を得たかのように立ち上がるらせん階段。3.光沢あるタイルで丁寧に縁取られている。

Data

社屋のため内部見学不可

Access

大阪市中央区南船場2-10-14／地下鉄「心斎橋」徒歩６分

は左右対称の安定感を思わせるガラス窓が、実は内部の部屋割りと対応していないのにも気づきます。

素材の個性を引き出す、作為的なデザインがあちこちに見られます。床に光るタイルを散りばめ、壁や暖炉にはしっとりとした焼き物を端正に。それぞれの持ち味が自然の光で引き立ちます。明かりが吹き抜けから両側の部屋に導かれる設計により、それは可能になっています。

窓からの光で、決して巨大ではない空間に印象深い光景を織り込む。それは素材に限りません。吹き抜けを介した部屋同士の眺めも十分に個性的。室内に閉じ込められた気分がしません。

決まり事にとらわれない腕前で、心地よさを作り出す。大阪で売れっ子の建築家になった理由が分かるようです。

素材の個性が引き立つ空間

1

4

2

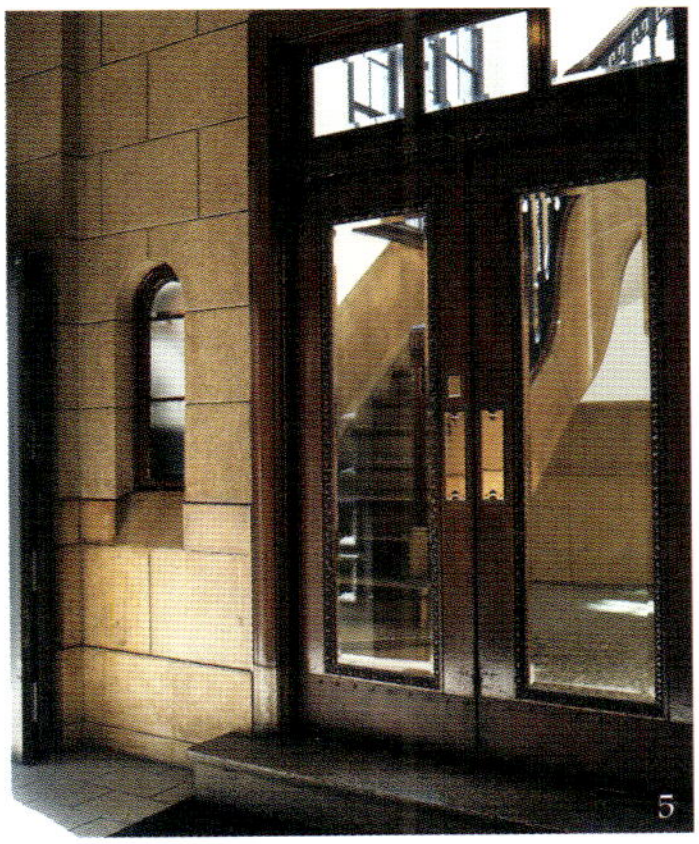
5

1.左官仕上げの床や木製の親柱、しっとりとした壁の焼き物と、さまざまな素材を生かしたインテリア。2.暖炉をしつらえた格式ある2階の部屋。3.自然光にあふれた室内。窓の形も特徴的。4.通りに面する顔として、左右対称を基調に整えられた正面。5.通りからアーチをくぐった小空間。室内に入る前に心落ち着かせる。6.入り口のドアも手作りの味わい。

6

3

Mengyo Kaikan

no.15

Setsu Watanabe

1931

1931年／渡辺節／SRC造6階、地下1階

綿業会館

各部屋に実現された様式の万華鏡

1

2

落ち着いた外観からは想像できない、堂々とした内部の吹き抜け。それを囲む部屋は様式の万華鏡です。
入って右手の会員食堂は豊かな装飾が天井に実るネオ・ジョージアン様式。上階に移ると、特別室は繊細なクイーン・アン様式で、華族の邸宅を思わせる優美さです。隣の会議室はアンピール様式のインテリアが簡潔な威厳を漂わせます。同じ階には2層吹き抜けの談話室もあり、こちらはジャコビアン様式に基づきながらも独特の創作が多数。壁面を覆う泰山タイルのタペストリーや、アール・ヌー

1. 高い吹き抜け天井の談話室。かつて京都・東山にあった泰山製陶所で焼かれた泰山タイルを織り上げたような「タイル・タペストリー」に光が映える。
2. 床に高さの違いを設けた会員食堂。上下のどちらから互いを見ても絵になる光景を生み出している。

Data

館内見学は毎月第4土曜の午前・午後に実施、要予約

Access

大阪市中央区備後町2-5-8／地下鉄「本町」「堺筋本町」徒歩5分

ヴォーを連想させる曲線が絡みつく階段が、室内の天井の高さを演出します。

ここまでバロック、ロココ、新古典主義、ゴシック・リヴァイバルと、建築史を時代順にたどってきたみたいです。しかし、実際はもっと複雑。それぞれの様式がヨーロッパ大陸からイギリスに入って転生したり、アメリカに伝来したり、それが後の英米で各々に復活したり、日本で応用されたり、プリズムのように変容してきた様式というものを理解して戯れ、工芸的な技術で本物化しています。

各部屋が建物であるかのように、多様な居場所があります。共存できているのは、建築を都市として設計しているから。中央の吹き抜けはその象徴です。確固とした大理石の柱とアーチの向こうに会員の姿が見え、正面の大階段も広場を思わせます。外部にいて街を眺めている気分です。おおらかに人々が出会う社交の場を可能にした寄付者の巨大な像が、都市的に構築された空間をまなざしています。

2

3

4

1

5

街を眺めるような
中央の吹き抜け

1.談話室の竹を思わせる形の棚。2.会員食堂の天井には、色鮮やかで華麗なミューラル・デコレーション（天井画）が施されている。3.アーチの先の階段が劇的。4.手すりの大理石が滑らかなカーブを描く。舞台装置のような階段の面持ちに貢献している。5.正面に東洋紡績（現・東洋紡）の専務取締役を務めた岡常夫の座像。岡の巨額の遺贈金と、大阪を代表する紡績繊維産業関係者の寄付によって建設された歴史を物語る。

2

1

3

4

うっとりする贅沢な部屋の連続

5

1.吹き抜けの談話室の壁から持ち出された鉄製階段。途中に小さな踊り場を設けて、室内に動的な雰囲気を加えている。2.特別室は装飾された鳥の姿がチャーミング。3.2階の会議室は装飾を抑え、精巧なつくりで厳粛さを漂わせている。4.格式を感じさせる入り口の金属装飾。5.外観の1階は石積み風。2階より上の壁には縞の入った正方形のタイルを市松模様に貼り、衣をまとったような効果をもたらしている。6.クイーン・アン様式の特別室。高級な素材と細工の確かさが、空間に温かみを感じさせる。

6

no.16

Kingo Tatsuno
Manshi Kasai
Uheiji Nagano

1903

1903年／辰野金吾、葛西万司、長野宇平治／レンガ造・石造

Bank of Japan Osaka Branch

日本銀行大阪支店

浮遊感と軽快さのある明治の銀行建築

1

部分部分の姿が印象に残ります。中央のドーム屋根の下に記念室があります。部屋は四角形。そこから八角形になった屋根の付け根、ドームの頂点へと上昇していく空間です。

12枚のステンドグラスが、天井から淡いピンクや水色の光を落としています。その間には、同じ楕円形の木製レリーフ。目を凝らせば鳳凰と日本銀行のマークが端正に彫り込まれています。ここは以前、貴賓室と呼ばれていた応接室。散りばめられた創意工夫は細やかで、日本の中央銀行への親しみも増しそうです。

隣は階段室。木と鉄がハイブリッドされた世界です。木製の階段手すりが鉄製のアーチの上に載っています。強い鉄なので柱いらず。欅《けやき》に施された彫刻が宙を駆け抜けるかのように、上下階をつない

1.木製の階段を支える鉄製のアーチの装飾。細くて空隙が空けられる金属素材ならではの軽快感。2.12枚のステンドグラスが、天井から淡いピンクや水色の光を落とす。間には鳳凰と日本銀行のマークが彫り込まれたレリーフ。3.中央のドーム屋根の真下に記念室が位置する。かつて貴賓室と呼ばれていた応接室を、建設当時の部材を再利用しながら復元した。

Data

内部見学は2週間前までに要予約、平日の午前・午後に実施（撮影不可）

Access

大阪市北区中之島2-1-45／京阪・地下鉄「淀屋橋」徒歩2分、京阪「大江橋」すぐ

でいます。鉄製のアーチも丁寧に装飾。細くて空隙《くうげき》が空けられる金属素材ならではの軽快感は、柱の上に置かれた飾り欄間にも共通します。それは隣のステンドグラスにも。

設計者の辰野金吾はこの縁を機に、大阪で設計事務所を開設。東京だけでなく、大阪の建築界も育成しました。そんな社会的な役割とは別に、デザイナーとしての個人的な性格も示します。西洋建築の伝統を守った重厚感より、新しい素材やデザインに取り組む浮遊感が印象的です。

2

軽やかで細やかな装飾の数々

1

3

5

4

1. 記念室の隣にある階段室。幾何学的なステンドグラスが使われている。2. 金属の装飾も軽やか。3.1903年の建設当時の階段と正面内玄関が、位置を変えて保存されている。4. 手をかけて彫刻された階段の親柱。5. 御堂筋に面した外観。

Ikoma Building

no.17

Hyozo So

1930

1930年／宗兵蔵／RC造5階・地下1階

都心の四つ角に立ち上がるアール・デコ 生駒ビルヂング

1

2

3

がっしりと硬かったり、キラキラと輝いたり、そんなまだ見ぬものがこの街のどこかに潜んでいる。路面電車の騒音や行き交う雑踏から昭和初め、日本のアール・デコのスタイルが生まれ育ち、人々の心をつかみます。そんな感覚を今に伝える、第一級の商業建築です。

店が面しているのは当時、路面電車が走っていた堺筋と、江戸時代の商人の町から近代的な商いの場に展開しつつあった平野町通りとの交差点。1・2階を貫くアーチ型が地上からすっと立ち上がり、角切り部分から左右に続いています。どちらも最後は円窓で終えて、対称性を意識させます。

外壁を水平に走る帯のデザインも、2つの通りの結びつきを高めています。歴史的な街の性格を受け止めて、動く都市の最先端をまとったデザインです。

硬質な動作の感覚は内部にも。1階の

1.1・2階のアーチ中央に佇む、鷹の彫刻。建物と一体化した装飾というよりも、しばし止まって空へと飛び立ちそう。2.屋上の時計とスクラッチタイルの表情。3.外壁を水平に走る帯が連続性を高める。

Data

開=9:00〜17:30　休=土日祝
＊営業時間内は内部見学可能

Access

大阪市中央区平野町2-2-12／京阪・地下鉄「北浜」徒歩2分

1

大理石の階段は重厚でいて軽快です。アール・デコの特徴を表現すると、こんな少し矛盾した形容になってしまうのですが、この空間に身を置けば納得です。

流行を取り入れながら、軽薄には思えません。都市的な生業に根ざしてつくり込んでいるからです。創業は明治3年。ビルが完成した頃は、時計や貴金属製品を並べていました。それらは魅惑的に煌めいていたでしょう。実直な仕事で、都市性を体現しています。

2

段々になった手すりが生み出すリズム

1.地上からすっと立ち上がる2連のアーチを角切り部分に設け、それが左右に連続。2.1階の正面には、アール・デコの特徴をよく示す階段とステンドグラス。3.ステンドグラスのデザインも幾何学的。4.当初に導入されたエレベーターの表示が今も残る。5.上階のオフィスもかつての雰囲気を保つ。6.以前、西側の小窓を飾っていたステンドグラス。GとIの文字は、明治3年に創業した八代目生駒権吉のイニシャル。7.手すりは段々の形で、段板と共にリズムを奏でる。

Sumitomo Mitsui Banking Corporation
Osaka Head Office Building

三井住友銀行 大阪本店ビル

川と街の両方を受け止めた壮大な社屋

no.18

Sumitomo Goshigaisya Kosakubu

1926,1930

1926年、1930年／住友合資会社工作部／SRC造6階・地下1階

Data

銀行として営業、一般見学は不可

Access

大阪市中央区北浜4-6-5／京阪・地下鉄「淀屋橋」徒歩2分

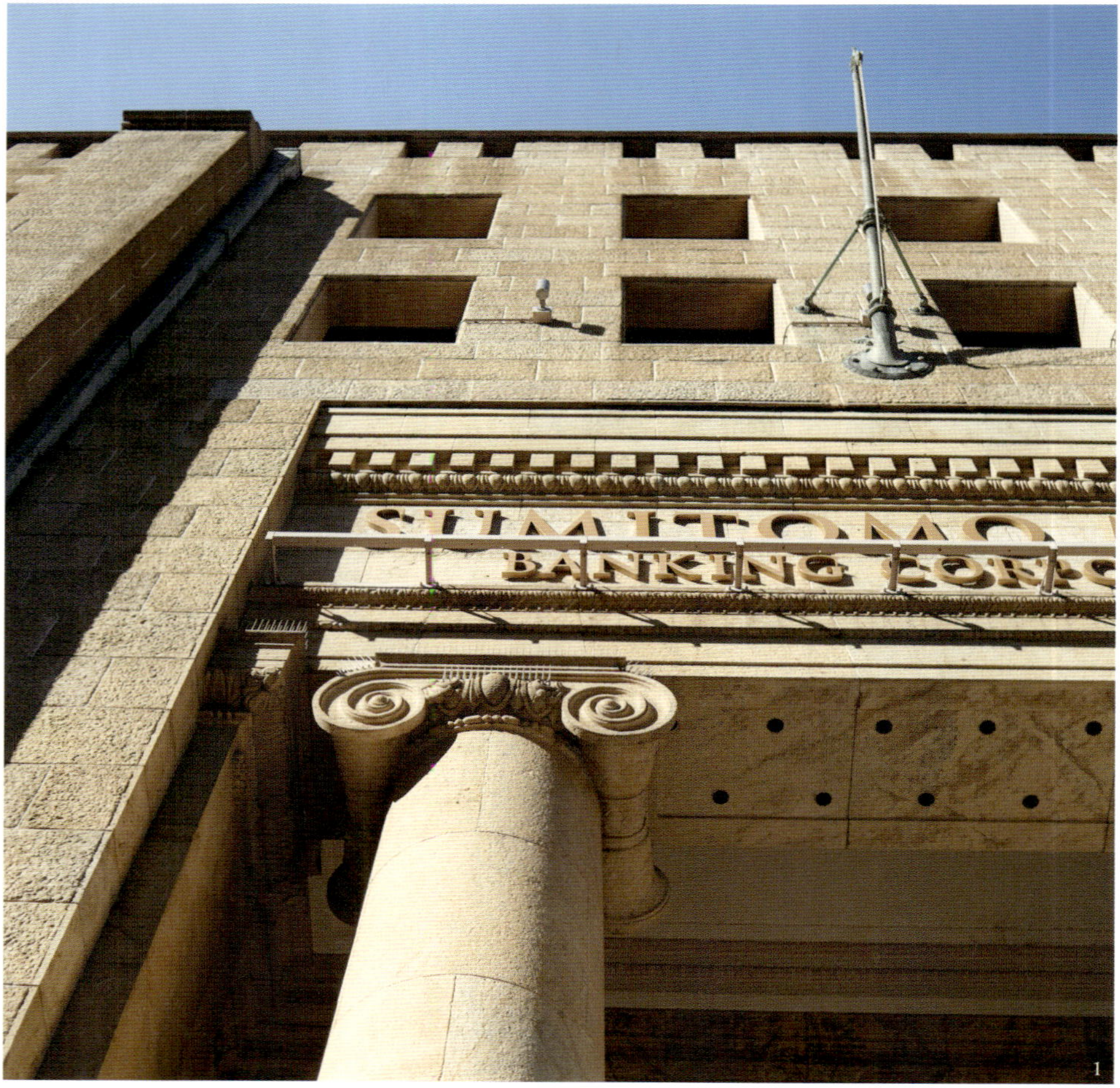

1

土佐堀川が目の前を流れています。建物の顔が川にも向いていることを、優美なイオニア式オーダーが教えます。オーダーとは、古代ギリシア・ローマに由来する柱の形式。それが装飾のほとんどない外壁からのぞいています。その結果、クラシックな詩情がより鮮明に。実はこれ、かなり斬新なデザインです。

「住友本店・銀行本店」を建てる動きは1895年に始まりました。やがて機が熟し、1926年と30年の2期にわたり完成したのが今の川沿いの風景です。

外観にオーダーが立ち並ぶスタイルが当時の銀行の常識でした。しかし、ここではわずかに一対のオーダーが北・西・東の三方にあるだけ。社会に対する揺るぎない姿勢を形づくっているのは、様式的な要素ではなく、壁そのものです。

外壁は兵庫県高砂産の黄竜山石を砕き、イタリア産大理石トラバーチンの砕石を混ぜ、鉄筋を入れて成形した擬石ブロック。面がそろい、塊の素材感が迫ります。

各階の窓の開け方についても、古典的なプロポーションを昇華。簡素にしたことで、品位がいっそう高まっています。ずっと水面の向こうから眺められる。そんな立地に応えた設計です。

反対の南面は一転して、中世風の穏やかな表情。江戸時代以来の狭い通りを気にかけています。都市の骨格を受け止め、老舗企業の大役を引き受けた姿です。

1.中央に立つ2本のイオニア式オーダーの柱とその上の梁状のエンタブラチュア。3階部分にまで達するエントランス空間が設けられている。2.エントランス空間の内側は古典的な様式。内部の壮大な営業室を予告する 3.反対の南面は一転、中世風の穏やかな表情。4.細部にも気が配られている。

no.19

Magoichi Noguchi

1904

1904年（1922年両翼を増築）／野口孫市（増築部は日高胖）／レンガ・石造 3階

Osaka Prefectural Nakanoshima Library

大阪府立中之島図書館

堂々たる神殿のような図書の宝物庫

1

中央上部の三角形は、ペディメントと呼ばれる古代ギリシアから用いられた形です。同じ様式に由来する4本の柱に支えられ、その向こうに古代ローマで広く使われたアーチがのぞきます。左右の窓はルネサンス時代の邸宅を思わせます。

堂々として引き締まっているのは、中央の柱間だけを広くして後ろのアーチの形と絡めるなど、要素間の関係のつくり方が巧みだから。異なる文明の産物を操り、こうした建築をつくりたいというのが明治初めからの日本人の願いでした。

内部も同じです。入り口の先は見事なドーム空間。室内は縦に長く、外と隔絶した雰囲気を備え、階段が見せ場に。どれも日本の伝統になかった性質です。海外の文明をほんの数十年で自分たちのものにした明治半ばの証といえます。

2

3

Data

開＝9:00〜20:00（土曜〜17:00）
休＝日祝、3･6･10月の第2木曜

Access

大阪市北区中之島1-2-10／京阪・地下鉄「淀屋橋」徒歩3分、京阪「なにわ橋」徒歩3分

1.ドームの下は円形平面の階段室となっている。高い吹き抜け空間に左右対称に伸びる階段は劇的で、バロック様式の特徴を備える。2.西洋の古典にのっとり、隅々まで破綻なく仕立てられた。3.ドーム頂上の天窓。

設計者は帝国大学で辰野金吾らに建築を習った野口孫市。実現に至らせたのは、住友家15代当主・住友吉左衛門友純です。莫大な建築費と図書購入費を大阪府に寄付し、建築家として住友に入社していた野口に腕を振るわせました。

左右の増築部も住友家が寄付。設計は46歳で世を去った野口に代わり、部下の日高胖《ゆたか》が行いました。実利を直接に生まない空間と、立派な蔵書を抱えられる都市でもあるという誇りが、建築に表現されています。

1

左右の増築部でも統一感を保つ

2

1.伸びやかな階段。2.大阪市中央公会堂の室内から望む、中之島図書館のドーム。3.中央上部の三角形は、ペディメントと呼ばれる古代ギリシアから用いられた形。4.左右の増築部も統一されたデザイン。中央部を設計した野口に代わり、部下であった日高胖が手がけた。5.ドアにも古典主義の装飾が丁寧に。

Semba Building

no.20

Tetsukazu Murakami

1925

1925年／村上徹一／
RC造 5階・地下1階

船場ビルディング

光と風が
通り抜ける
心地よき空間

1

2

3

1. 空に開けた中庭を囲む外廊下から各室に入る形式。ガラスのドアや窓から室内に自然光が差し込む。2. 中廊下は入り口から緩やかな坂になって中庭に続く。3. 床には、かつてトラックや荷馬車を中庭に引き込んだ際の消音効果のために木製ブロックが敷かれている。

この建物は何といっても「中」なのです。外観はどちらかというと地味。完成した時から装飾が少なかったのですが、戦時中の被災によって一層控えめに。

中に入ると驚きです。中央のドアの先は通りのような玄関。床は少し上り坂で、目の前に植物とそこに落ちる光が見えます。足を進めると分かります。そこが吹き抜けの中庭になっているのだと。

中庭から見上げれば、細長い四角で空が切り取られています。4階までの廊下が面しています。これは「中」といえるのでしょうか？ 外気につながっている

Data

開＝7:00〜19:30　休＝土日祝
＊テナントビルのため内部見学は要事前連絡

Access

大阪市中央区淡路町2-5-8／地下鉄「本町」「堺筋本町」8分

のですから。廊下に面したドアや窓がガラスになっている部屋もあって、見ると外壁側の窓まで短い距離です。光や風が抜けるような、現代のビルにはない気持ち良さがあります。

1925年に完成した当時、「ビルディング」や「ビルヂング」といった言葉は、最先端の響きを備えていました。その頃、東京や大阪に現れはじめた鉄筋コンクリート造のオフィスビルを示す単語として登場しました。

このビルはさらに革新的。当初は住宅用の部屋も併せ持っていました。玄関からのスロープは商取引の船場という場所柄、トラックや荷馬車などを引き込むために設計されたものです。

骨太なつくりが今も人々を集め続け、もうすぐ100年を迎えます。

1

外気につながる
伸びやかな内部

1.外の光が内部を照らすように、ガラスを採用。2.階段の途中にも部屋が用意されている。3.廊下が広く、屋内も室外のような伸びやかさ。4.アーチ型が効果的に配されている。5.比較的簡素な外観の奥に広がる空間に驚かされる。6.中庭には植物やベンチが置かれ、小さな街のような憩いの空間が生まれている。

Arai Building

かつて銀行だった軽やかなビル
新井ビル

no.21

Kozo Kawai

1922

1922年／河合浩蔵／
RC造 4階、地下1階

Data

上階はオフィスのため立ち入り不可
1〜2階には店舗が入居

Access

大阪市中央区今橋2-1-1／京阪・地下鉄「北浜」徒歩1分

1

銀行の支店として建てられた建物に、重さと軽さが入り混じっています。最初に感じられるのは、おそらく重さ。歩く人に最も近い1階の外壁が、荒い石を積んだ仕上げですから。ごつごつした石は上の階の所々にも使われています。

　見上げると、どうでしょう。意外にも壁のほとんどが凹凸のないタイル仕上げ。窓まわりを小さい柱で装飾するなんてこともありません。唯一、西洋建築の伝統的なオーダーを思わせるのが1階にある4本の円柱。しかし、柱頭は抽象化された形です。定型から離れた軽やかさ。あまり銀行らしくありません。

　設計者は河合浩蔵。小寺家厩舎（P.50）を手掛けた建築家です。それから約10年後の本作では、より伝統的な形を離れ、平面的で幾何学的なスタイルに。それでも濃厚な意匠を部分的に残すなど、重さと軽さの間で創意工夫を凝らしているのが分かります。それが単純でない味わいとなり、銀行がなくなった後、様々な用途に使われてきたことも納得です。

　河合は辰野金吾とほぼ同じ歳という最初期の建築家。江戸の生まれですが、ドイツ留学を経た後、先々代の大阪地方裁判所の建物を手がけ、それが縁となって関西で独立。多くの仕事を得て、今も大阪や神戸に作品が残されています。これが完成した時に66歳。若々しい建物です。

1.堺筋に面したオフィス階の廊下。2.階段室の真ん中にはかつてエレベーターが設けられていた。3.重さと軽さが同居する凝った外観。4.テナント階への入り口。独特の柱頭を持った柱と、石積み風の1階外壁。

Osaka Club

no.22

Takeo Yasui

1924

1924年／安井武雄／
RC造 4階・地下1階

大阪倶楽部

大阪の経済と
企業人を支えた
クラブ建築

1

民間の企業人による会員制の社交倶楽部です。大阪には、このように1世紀を超えて歴史的な建築と共に現役の倶楽部がいくつもあります。

大阪倶楽部の設立は1912年。1924年完成の2代目会館が、今も会員たちの親睦と知的交流の場になっています。

1階ロビーの先には、囲碁・将棋と談話のための場。その奥のビリヤードを楽しむスペースまでがひとつながりです。これらは地階の理髪室、2階の食堂などと共に原則、会員の利用に限られた空間です。3階の会議室、4階の大ホールは貸室として使用可能。すべての階を優美な階段が結んで、会員が相互に親しみやすい、大きな邸宅のような雰囲気を備え

1.1階ロビーの先には囲碁盤24 面、将棋盤6面が並ぶ囲碁・将棋室。2.すべての階を優美な階段が結ぶ。3.1階のビリヤード室はイギリス式2台、アメリカ式四つ球台3台、ボークライン1台を設置した本格派。

Data

公開見学会、公開講演会などの機会に入館可能。3～4階は貸室として利用可能

Access

大阪市中央区今橋4-4-11／京阪・地下鉄「淀屋橋」徒歩5分

ます。イギリスのクラブをお手本にして、〝倶（とも）に楽しむ部〟の字をあてた「倶楽部」。昭和初めまでは確かにあった翻訳の文化を理解できる空間です。

加えて大阪倶楽部には、ここだけに見られるデザインが。正面に独立して並ぶ柱はインドの様式です。3階のベランダの飾りには、インドのサンチー仏塔のデザインを応用。外壁のタイルの貼り分けも、部屋ごとに異なる柱上部の装飾も、アクが強い独特のものです。

手がけた建築家の安井武雄は東京帝国大学を卒業後、中国東北部で大建築を次々に設計。1919年に同期生に誘われて大阪に活動の場所を移しました。これが国内における実質的なデビュー作。以後、昭和初めにかけて発展する大阪の企業と企業人に支えられて、自らが信じるスタイルを前進させていきました。

1.1階の喫茶室。2.部屋ごとに異なる柱上部の装飾。3.こちらはインドのイスラム建築風。4.2階の談話室。寄木張りの床も美しい。

3

2

4

邸宅のような雰囲気と
独特なディテール

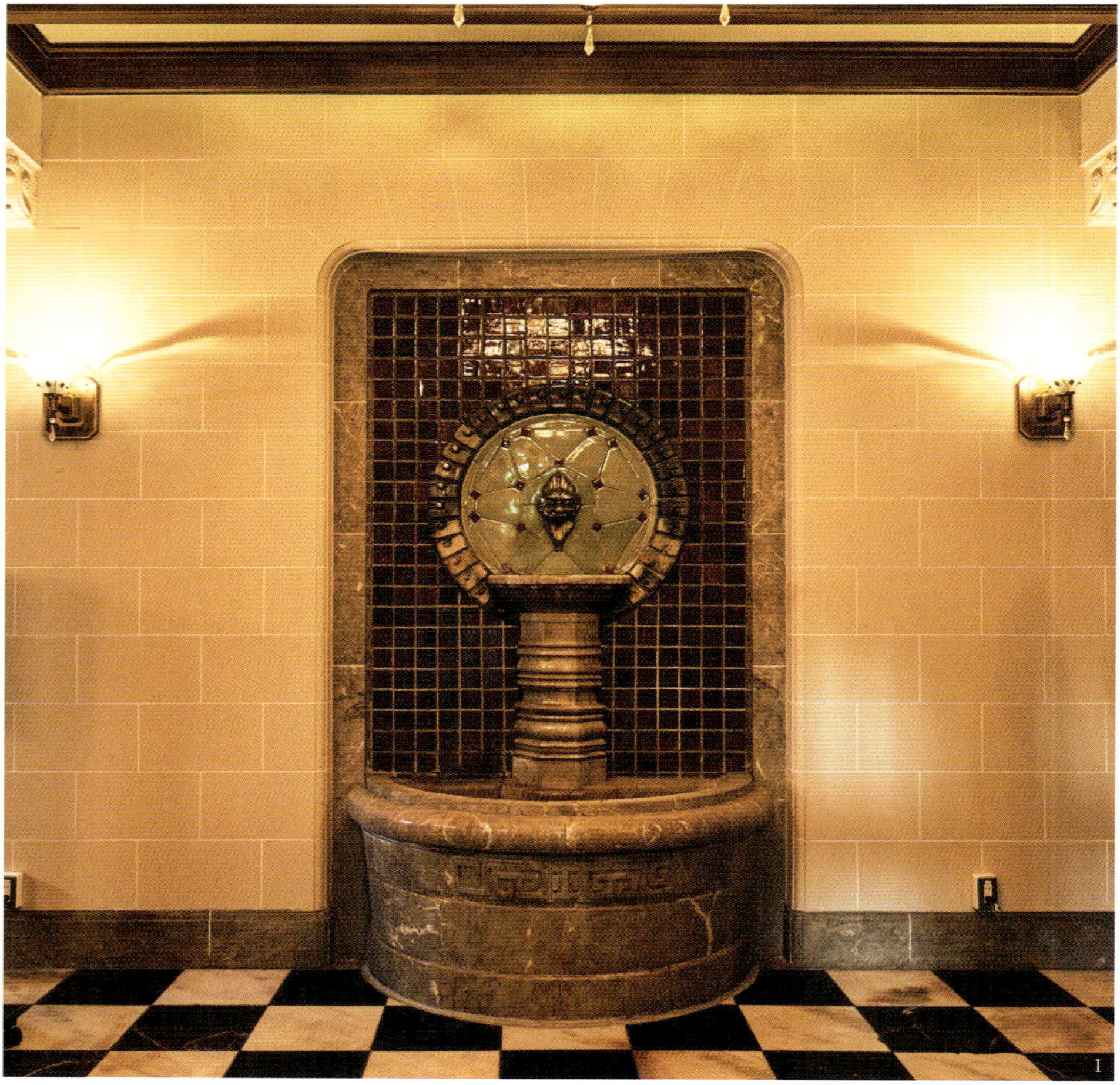
1

邪鬼の顔した壁泉が
玄関に鎮座

3

2

6

7

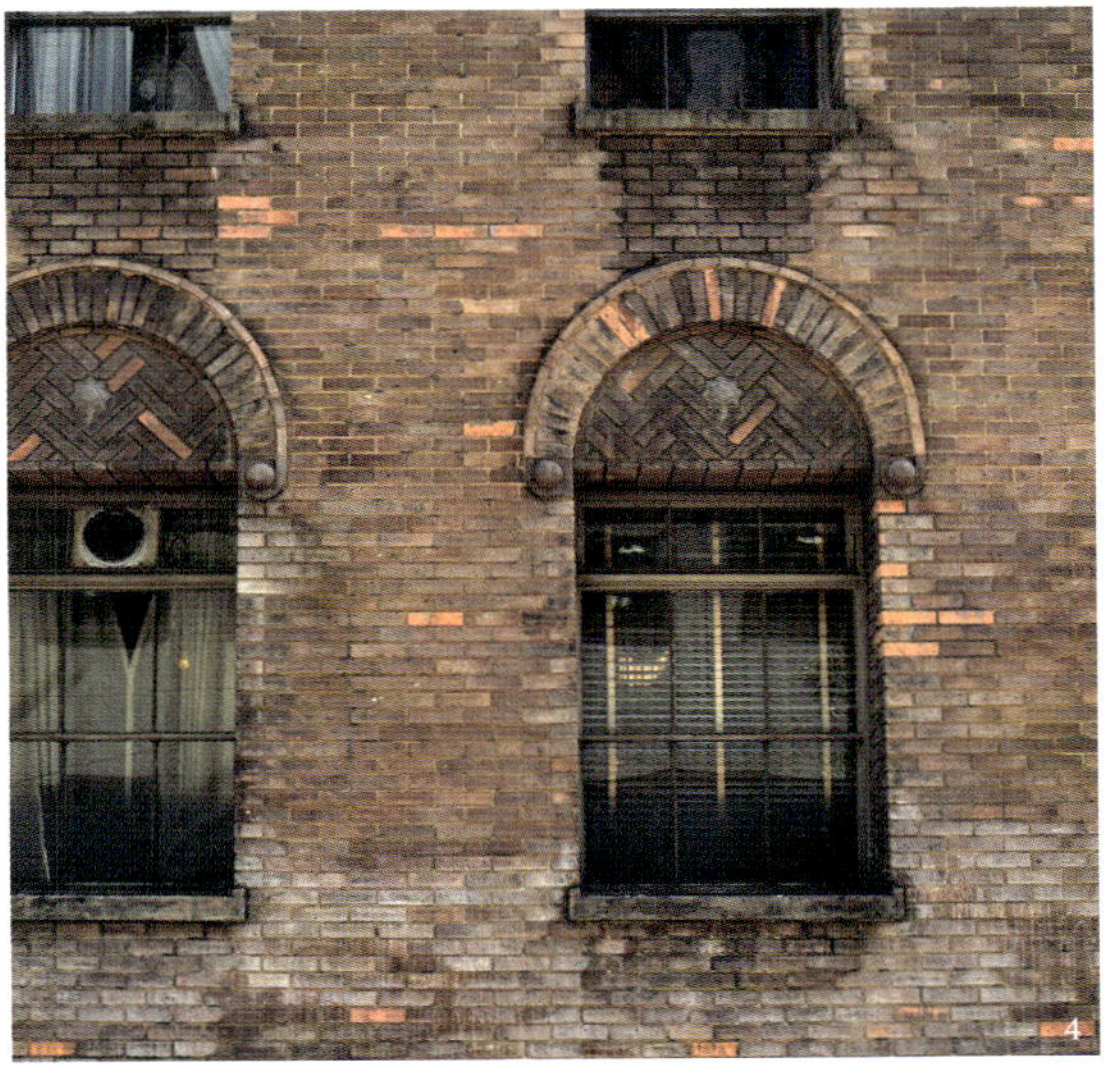
4

5

1.玄関ホールの正面には、邪鬼をかたどった壁泉。インド様式の柱の上部で来訪者を迎える。2.階段のステンドグラスが魅力的に光る。3.古き良き電話室も残されている。4.外壁のスクラッチタイルの貼り分け。5.正面に独立して並ぶ柱はインドの様式。6.3階のベランダの飾りには、インドのサンチー仏塔のデザインを応用。7.脇にまわると、スペイン風の縦長窓がアクセントを加えている。

Taiko-en Yodogawatei

no.23

Heishichi Imai

1910

1910〜14年／棟梁＝
今井平七／木造 2階

さまざまに
贅を尽くした
男爵の御殿

太閤園淀川邸

1

大きな唐破風に迎えられます。ここは藤田男爵が息子のために建てた邸宅です。かつての御殿の玄関を受け継ぎながら、車寄せにもなるよう奥行きが深い入り口。明治以降の和風建築らしさです。

これほどの空間があったのかと、歩みを進めて驚かされます。異なる趣がある多くの部屋が廊下で結ばれています。「羽衣の間」は欄間の彫刻も豪勢な、書院造の大広間。最高の格式の折上格天井が、床の間にも応用されています。こんなアレンジも近代の和風の特徴です。

隣の「紹鴎《じょうおう》の間」は庭園との間がガラス戸となった開放的な広間。外部に格天井のテラスが張り出しているのも珍しい、西洋建築の長所を取り入れたつくりです。

唯一の洋室が、縦長の上げ下げ窓のある「藤の間」。外側も眺めて、軒下にも

1. 池に張り出すかたちでつくられた六畳敷の茶室「大炉」。築山式回遊庭園が眺められる。2.「紹鴎の間」は往時は食堂として使われた。椅子に座った際の目線に合わせ、床の間の位置を上げている。3. 天井が低く、折れ曲がった渡り廊下が気分を変える。その先には離れの八畳敷の茶室「残月の間」などがある。

Data

料亭淀川邸として営業
開=12:00～22:00

Access

大阪市都島区網島町9-10／JR「大阪城北詰」徒歩1分、京阪「京橋」徒歩7分

洋室も日本庭園も一級品の集積

1

繊細な彫刻が施されていることを確かめましょう。玄関から入ってすぐの位置にある、当時の木造洋館の好例です。

緑豊かな築山式回遊庭園には大川の水を引き込み、自然の奇石や由緒ある石塔・燈籠などを配置。茶室の窓を開け放てば、池の上に遊んでいる気分です。

江戸時代とは異なり、身分による建築の規制がなくなった明治から昭和初めにかけてが、実は和風建築の黄金期。吟味した素材、工芸的な技、機知に富んだ意匠、どれをとっても一級品の集積です。

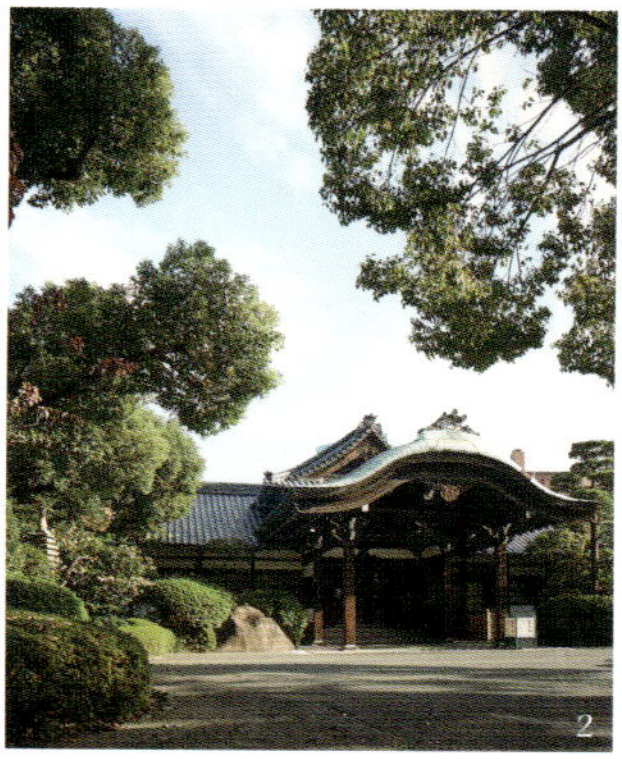
2

3

4

5

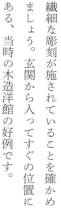

6

7

1.縦長の上げ下げ窓のある「藤の間」は、かつてビリヤード室として使われた。中庭に張り出して独立した洋館のようなつくり。2.大きな玄関の唐破風が出迎える。3.「紹鴎の間」の外部に鉄柱で支持されたテラスが張り出す。天井は格天井。4.「羽衣の間」は書院造の大広間で、透かし彫りの欄間の彫刻も豪勢。5.味がある引き手。6.「羽衣の間」からガラス戸越しに庭を眺める。7.大広間に似合うように床の間も大柄。

Shibakawa Building

no.24

Goro Shibuya
Otohiko Honma

1927

1927年／基本計画＝澁谷五郎、意匠設計＝本間乙彦／RC造 4階、地下1階

芝川ビル

街に際立つ
頑健なビルの
不可思議さ

重厚なのに軽快。そんな楽しみが、構造とデザインの両方にあります。

江戸時代から続く商家・芝川家6代目当主の芝川又四郎は、事業の本拠地である当地に、火災に耐える建物を建てたいと考えました。1923年の関東大震災の被害を知って決意は一層高まり、選んだのは鉄筋コンクリートの構造。

構造体だけではありません。窓や入り口は頑丈な鉄扉を備え、建物内への火の侵入を防御しています。部屋の床には不燃のタイル、家具には金属や石材を多く使用。階段には防火シャッターも設置されています。備えの徹底ぶりが、このビルの独特の雰囲気をつくり出しています。外観も石やタイルを中心に。のちに焼

1. 柔らかい石質で複雑な加工が可能な竜山石を用いた玄関の装飾。マヤ・インカ文明のモチーフが応用されている。2. 廊下や階段にも味がある。3. 屋上テラスに面した部屋。金網入りのガラスが使われている。

Data

ビル内に多くのテナントが入居しているため店舗利用可、内部見学だけの入館は不可

Access

大阪市中央区伏見町3-3-3／京阪・地下鉄「淀屋橋」徒歩1分

夷弾の直撃を受けても被害が拡大せず、戦後すぐに事業を再開できたという逸話に見合います。そして、石やタイルといった素材は、デザインの力で積み重なる歴史の厚みを伝えるものになっています。

玄関まわりの幾何学文様は、スペインが植民する以前のアメリカ大陸で繁栄したマヤ・インカのモチーフ。外壁に入植初期の教会のバロック様式を加えたり、階段親柱やタイル装飾にはスペインに残るイスラムのモチーフを使ったり。当時流行していたスパニッシュ・スタイルを自由に展開しています。重々しいからこそ軽やか。不思議な魅力で人気です。

他では見られない独特な文様があちこちに

2

3

1

1.タイル敷きの玄関。2.1階とそれ以外の各階で会話ができる伝声管。3.階段の親柱の星型の装飾は、スパニッシュ・スタイルに使われるモチーフ。アール・デコのスタイルとも合っている。4.階段には真鍮製の渦巻き装飾。5.ユーモラスな鬼の顔が施された銘板は、この建築のデザインの凝りようと不燃素材の使用を象徴するかのよう。6.屋上テラスは伸びやかな半円形で回廊風に構成。

4

6

5

Sakaisuji Club

no.25

Matakichi Yabe

1931

1931年／矢部又吉／
RC造 4階・地下1階

堺筋倶楽部

存在感のある
バロック様式の
重厚な建物

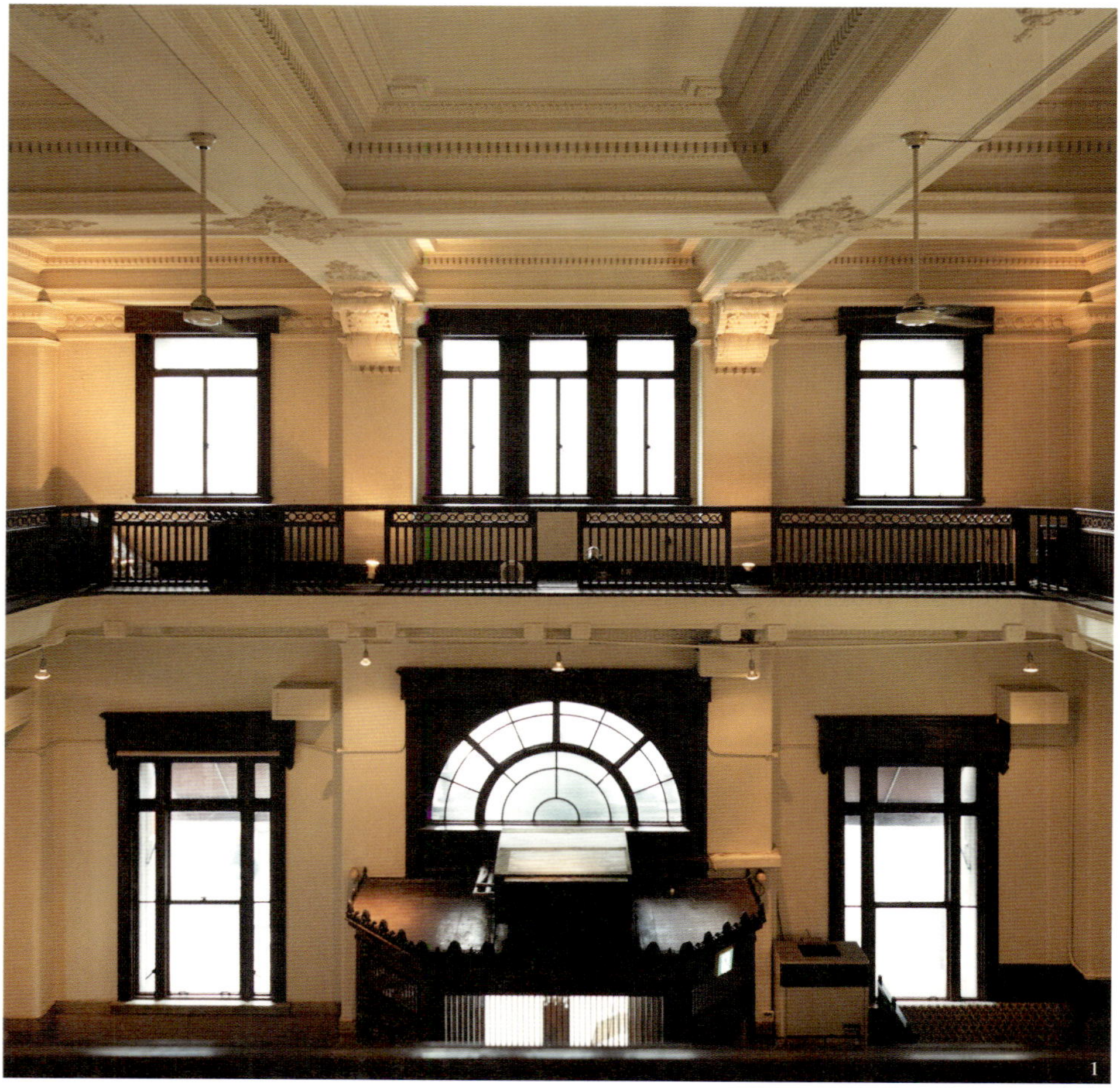

1

3

2

この重厚感がバロック様式です。建築的な要素をルネサンス様式から引き継ぎながら、もっと劇的な印象を与えるようにアレンジした様式で、要素が重ねられたり、入れ子になっていたりします。

正面のアーチの内側に、凱旋門のような形が見えます。それに載る複雑な装飾は、古典的な要素を倒し、重ねたもの。バルコニーで強調された中央部は、上階の外壁が前に突き出しています。4階建てで、正面の姿は縦長。小さなビルくらいの大きさですが、左右対称形をドラマティックに仕立てて、現在の市街地にも負けない存在感が生まれています。

圧倒感は内部で増します。3層吹き抜けになっていて、正面には重厚な金庫。かつては銀行の営業室でした。大きな空間に豊かな装飾が拮抗《きっこう》しているので、天井は高くてもガランとしない、充実した体験です。

装飾にはさりげなく和風の要素も。設

4

1.3層吹き抜けになった雄大な内部。注ぐ光がバロック様式の装飾の陰影を引き立てる。2.上階にも広い空間があり、ここにも華麗な細工が施されている。3.かつては銀行の営業室だったことを伝える正面の金庫。4.金庫は日本製でがっしりと重厚。

Data

フレンチレストラン、イタリアンレストランとして営業
開=11:30〜14:00　18:00〜21:00

Access

大阪市中央区南船場1-15-12／地下鉄「長堀橋」徒歩3分、地下鉄「堺筋本町」徒歩5分

計者の矢部又吉が、バロック様式が過去の要素の創造的な操作であることを理解していたのが分かります。

彼はドイツ留学後、横浜に設計事務所を構え、多くの優れた作品を生みました。大半が戦後の都市開発で失われ、残るこの建物は貴重。過去から受け継がれてきたスタイルに根ざした建築が本格的な料理と釣り合い、豊かな生を送っています。

1

豊かな装飾がドラマティック

2

4

3

5

6

1.柱頭の持ち送りも本格的。2.バロック様式の重厚感がある玄関。3.市街の中心部に構える左右対称の外観。今では小さい部類の建物でも、周囲に負けない存在感を持つ。4.かつてのカウンター沿いにタイルが巡らされている。5.周り階段が上下をつなぐ。6.階段の踊り場からいくつかの小部屋に入ることができる。

no.26

Kingo Hirabayashi,
Kaoru Okamoto

1926

1926年／平林金吾、岡本馨／RC造・SRC造 6階、地下1階

Osaka Prefectural Government Building

大阪府庁本館

驚くほど荘厳な空間を内に秘めて

1

現役の都道府県庁舎としては国内で最も古いもの。けれど、大阪の近代建築の紹介であまり見かけません。この街にはそれほどに民間の優れた建築が多く、元気に使われているのです。しかし、タイル張りの壁に四角い窓という外観もその一因かも。内に広がる華やかさや、様式らしい重みが直感しづらいのでしょう。

中へどうぞ。正面玄関の先は、吹き抜けの中央大階段です。光沢のあるイタリア産大理石が、高い天井までくり抜いたような空間をつくっています、

確固とした空気の立方体が存在する感覚を覚えます。柱頭や持ち送りなど、様式的な要素が目立たないからです。その代わり、凝った文様が天井や手すりに施

2

3

Data

正庁の間は水・金曜に公開（祝日をのぞく）開＝10:00〜17:00

Access

大阪市中央区大手前2丁目／京阪・地下鉄「天満橋」徒歩10分、地下鉄「谷町4丁目」徒歩10分

1.正面の最上階に、行事や式典のためにつくられた正庁の間。5･6階の2層吹き抜けの空間で、天井中央部には色鮮やかなステンドグラスが広がる。2.正庁の間の正面に位置する奉安所。ペディメントに鷲のレリーフが金箔で装飾されている。3.ふくよかな天使の彫刻。なかには工業のシンボルの歯車を手にしたものも。

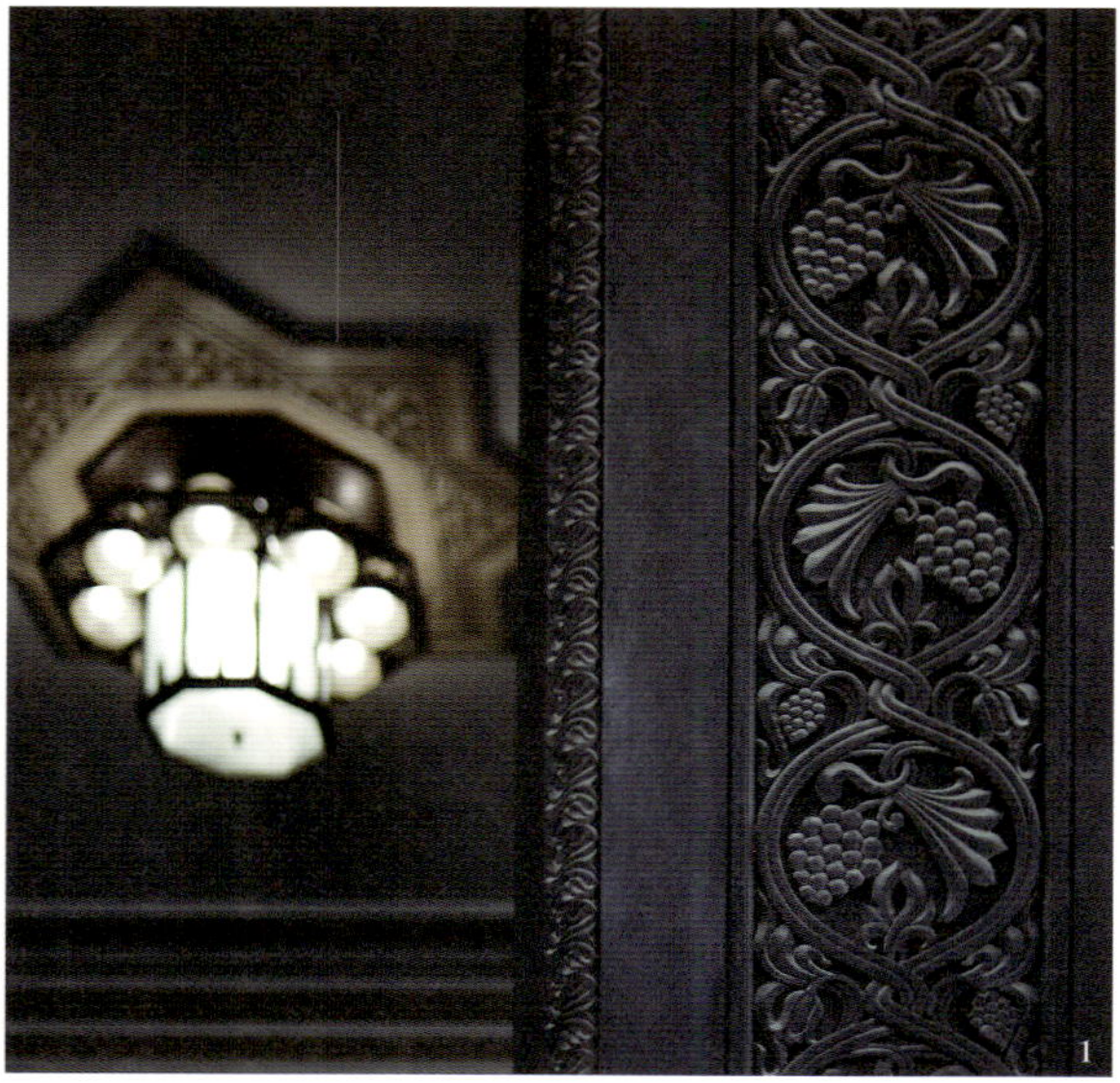

されています。外観や正面玄関も同じ。唐草やアラベスク文様が縁を彩り、張りのある角を強調していました。

庁舎の規模は、当時の日本で最大級。外側も内側もつくり込まれ、長い時間を引き受ける建築になっているのです。続いては正庁の間へ。色鮮やかなステンドグラス、ふくよかな天使の彫刻。ルネサンス様式を採用し、正面の最上部に行事や式典のためにつくられました。庁舎の中でも他と違ったかわいらしい空間です。

窓の向こうには江戸時代の石垣と、この5年後に復元された大阪城。歴史の重みと向き合う質を意識したことでしょう。

1. 正面玄関の唐草文様。奥の照明はアラベスク文様が華麗。2. 時を重ねてきた庁舎、階段表示も味わいがある。3. 大阪城に正面を向けた外観。2階から上は白色擬石タイルを貼って、すっきりとした印象。4. 正面玄関の柱はロマネスク様式。5. 吹き抜けの中央大階段。光沢のあるイタリア産大理石が、高い天井までくり抜いたような空間を構成している。

吹き抜けの大階段が圧倒的

Osaka Prefectural Government Building

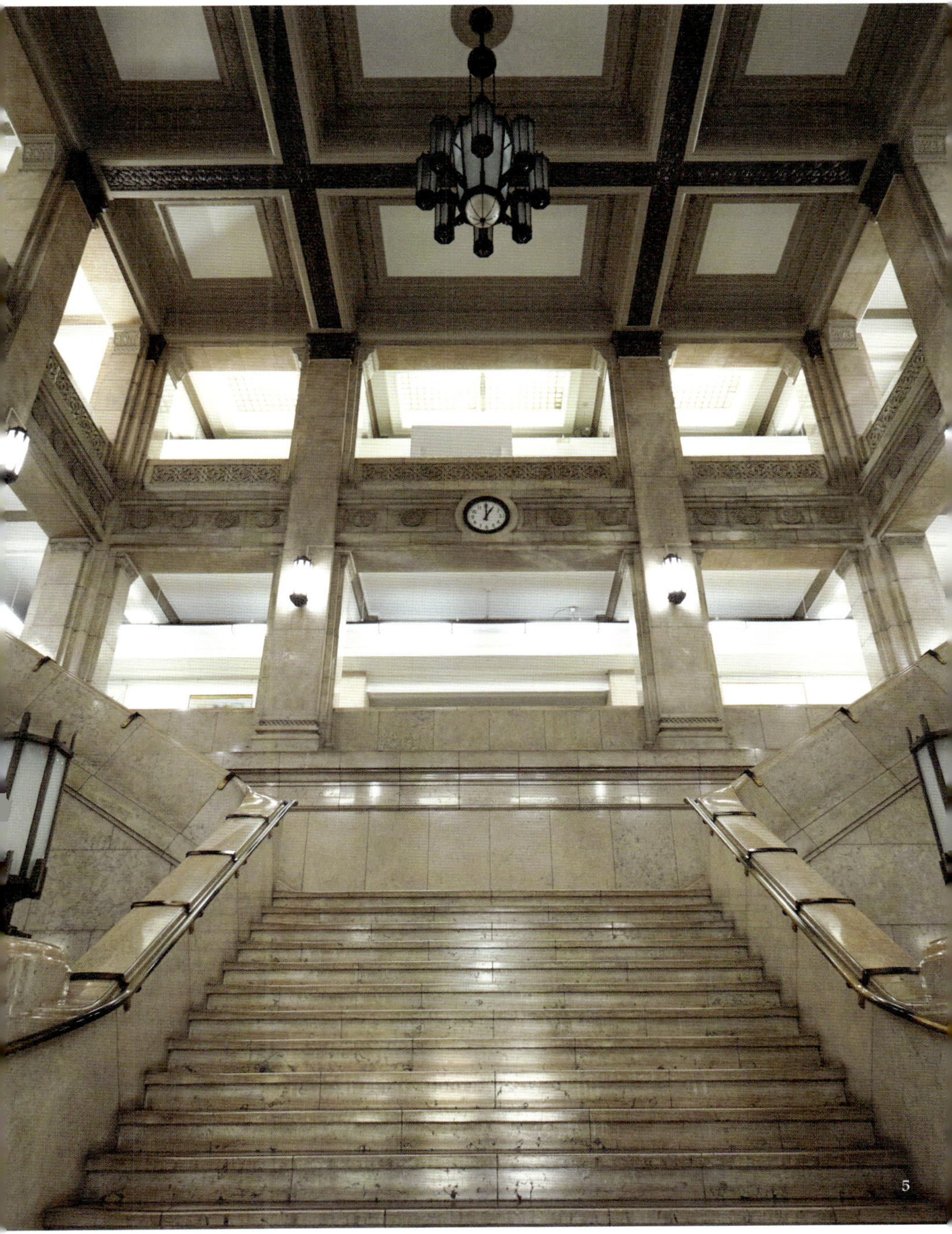

Sempukan/Kyusakuranomiya Kokaido

国の中枢に関わる洋風建築の力作

泉布観／旧桜宮公会堂

no.27

Thomas James Waters

1871
1935

[泉布観] 1871年／トーマス J.ウォートルス
[旧桜宮公会堂] 1935年／トーマス・J・ウォートルス

1

「泉」と「銭」とは同じ音。古来、美しい「泉」の文字が当てられてきた貨幣を、広く行き渡らせる（＝布）ための高い建物（＝観）なので「泉布観《せんぷかん》」。教養あふれる名前を明治天皇が命名されました。当地に国の造幣局が設置されて、1871年に貨幣の鋳造を開始。泉布観はそれに併設された応接所です。

当時最高の教養と技術は、建築のつくりにも。周囲にベランダが巡る泉布観の特徴は長崎のグラバー住宅などと同様。初期の洋風建築の姿が分かり貴重です。加えて木造のそれらとは違ってレンガ造。柱は花崗岩から削り出され、部屋ごとに全部で8つの暖炉を備えています。

洋風建築の黎明期の力作ぶりは、隣の旧桜宮公会堂にも見て取れます。正面は古代ギリシア神殿を思わせる重厚さ。石造の素材感が迫ります。昭和初めの解体時に玄関部を保存。新しい建物の正面に取り付けて今の姿になりました。

1.泉布観の周囲を巡るベランダ。天井は木材を菱形に組んだもの。2.旧桜宮公会堂の粗野な魅力のある石材。3.かつての工場群の威容を彷彿とさせる旧桜宮公会堂。4.泉布観の中央ベランダ。同時期に各地の大工によって建てられた擬洋風建築の原型であるベランダ・コロニアル・スタイルの特徴を示す。

Data

[泉布観] 年1回、館内の一般公開あり
[旧桜宮公会堂] レストランとして営業
開＝11:30〜15:00
＊園内閉門は20:00（火水曜は15:00）
休＝第2水曜

Access

大阪市北区天満橋1-1-1／地下鉄「南森町」JR「大阪天満宮」徒歩10分　JR「桜ノ宮」徒歩9分

辰野金吾

人一倍の努力で
道を切り拓き
建築界を導いた

たつの きんご◎1854年、佐賀県唐津に生まれる。お雇い外国人のジョサイア・コンドルから、曾根達蔵や片山東熊らと共に、日本で初めて本格的な建築学を学ぶ。1886年に帝国大学教授に就任し、1902年に自ら辞職。1903年に辰野葛西事務所を東京に、1905年に辰野片岡事務所を大阪に開設し、全国に多くの作品を生み出した。本書掲載以外の現存作品に日本銀行本店（東京都中央区、1896）、東京駅（東京都千代田区、1914）など。1919年没。

「俺は頭が良くない。だから、人が一する時は二倍、二する時は四倍必ず努力してきた」。辰野金吾の人生訓は「努力」だったと息子は語っています。

生まれは唐津藩。最も下級でしたが、武士の家系だったため、激動の明治初期に藩が設立した洋学の藩校「耐恒寮」に入学できました。後に内閣総理大臣にまで上り詰める高橋是清が英語教師を務めていたことが、遠く離れた東京まで伸びる細い糸でした。

唐津藩は廃藩置県でなくなり、耐恒寮は1年で閉校に。辰野は東京に戻った高橋の後を追い、上京します。塾の講師などをしてしのいでいるうち、新しい学校が開設されるという情報を入手。耐恒寮で一緒だった曾根達蔵は、国のお金で学べる官費生に合格します。しかし、最初の受験では辰野は不合格に。数カ月後の追加募集は30倍を超える倍率に膨れ上がりました。猛勉強の結果、辰野は合格者中の最下位の成績で官費生に滑り込みます。

入学後は建築を専門に選び、勉強してまんべんなく良い成績を収めます。ヨーロッパに派遣される留学生の一人になったのは、第一回卒業生で学科首席だったためです。3年間の留学から戻った後、工部大学校教授、帝国大学工科大学教授の席に就き、コンドルの後継者として建築学の中心を担います。

それからの辰野の功績は、建築界の全般にわたります。例えば「美術建築」という言葉で伊東忠太を勇気づけ、佐野利器には「耐震構造」を目指させるなど、ひとつに決めつけないことで次世代の幅広い専門家を輩出しました。造家学会（現・日本建築学会）をさまざまな立場で建築に携わる人間が交流できる場に育て、近代的な建設業者を育成。自ら設計事務所を開設して国のお抱えではない職業の手本を示します。辰野の卓越した才能は目配りの確かさです。

辰野は、ぎりぎりの境遇から努力で道を開いた人間でした。そうした経験が、自分は何にも秀でていないという謙虚さと、何にでも関われるのだという自信を生み出したのでしょう。建築という総合的な営みを西洋的なものに変革する。こんな困難を現実のものとしていくうえで、努力の辰野以上にふさわしい人物がいたでしょうか。

III

Kyoto

京都

革新と継承がせめぎあう、まさに千年の都

京都とその近郊には山あり川あり、さまざまな眺めがあって訪れる者を楽しませます。でも、その個性は自然に由来するものではないでしょう。人工的な物語が、都市を他にないものにしています。794年に平安京に遷都してから1100年近く、朝廷のある都でした。それに伴う信仰や学問、美術工芸をはじめとした生業が発達し、織り成されたエピソードがさまざまな場所に刻み込まれて、京都の厚みになっています。

　綿々と続く京都の物語を開国が揺るがせました。幕末の動乱の中で、朝廷のある場所として歴史の要地に浮上した後、新政府が成立すると、1869年に天皇は新政府とともに東京に移ります。皇族も東京に移動します。京都は権威の中心ではなくなりました。京都と朝廷は切り離され、朝廷と仏教も分離されました。京都が多く抱える有力な仏教寺院も、開国を機に人びとが自由に選べる「宗教」のひとつに過ぎなくなります。こうして、信仰や学問、権威と関連して技を磨いていた美術工芸をはじめとした生業なども、そのままではいられなくなります。近代の京都は、そこからの革新の歴史です。

　日本の「レトロ建築」の歩みを学ぶ上で、京都は外せません。他都市で類を見ないほど、明治、大正、昭和と、近代のどの時代の上質な建築もそろっているのですから。

《東華菜館》29

　《同志社大学》32には全国でも珍しい明治期の赤レンガ校舎がいくつも並んでいます。《平安女学院》31にも赤レンガの校舎と教会が現役です。古いものがポツンと残っているわけではないので、それぞれの設計者の個性に至るまで、歴史に深く立ち入れます。《京都ハリストス正教会 生神福音大聖堂》34は正教の教会ですが、同じく当時の民間建築として

は格別に立派。明治半ば、技術面や資金面で海外と接続したミッション・スクールが特別な存在であったことや、開国以来のロシアからの布教で正教も信者を得ていたことが理解できます。

明治初めの停滞を乗り越え、京都は近代都市として歩み始めます。商工業においても重要性を持ちました。だからこそ、当時の道府県庁舎の中でも立派な《京都府庁旧本館》28が建てられ、洋風建築が並び始めた三条通りに日本銀行京都支店、現在の《京都文化博物館別館》38が、関西ではすでに大阪支店があるにも関わらず、開設されます。

京都の中心部に大学が多いのは、本書の三都市の中で例外的です。例えば《同志社女子大学》36。外観こそ先の明治期校舎と同じ赤レンガですが、大正期と昭和期の作品らしく、軽やかに和風を取り入れています。設計は京都工芸繊維大学と京都大学の建築教育を確立した武田五一。京都の重要な建築家です。《京都大学》37のキャンパスの多様な建物は、必ずしも世俗や権力と直結しなくていい自由さを象徴するかのようですが、武田

《京都ハリストス正教会 生神福音大聖堂》34

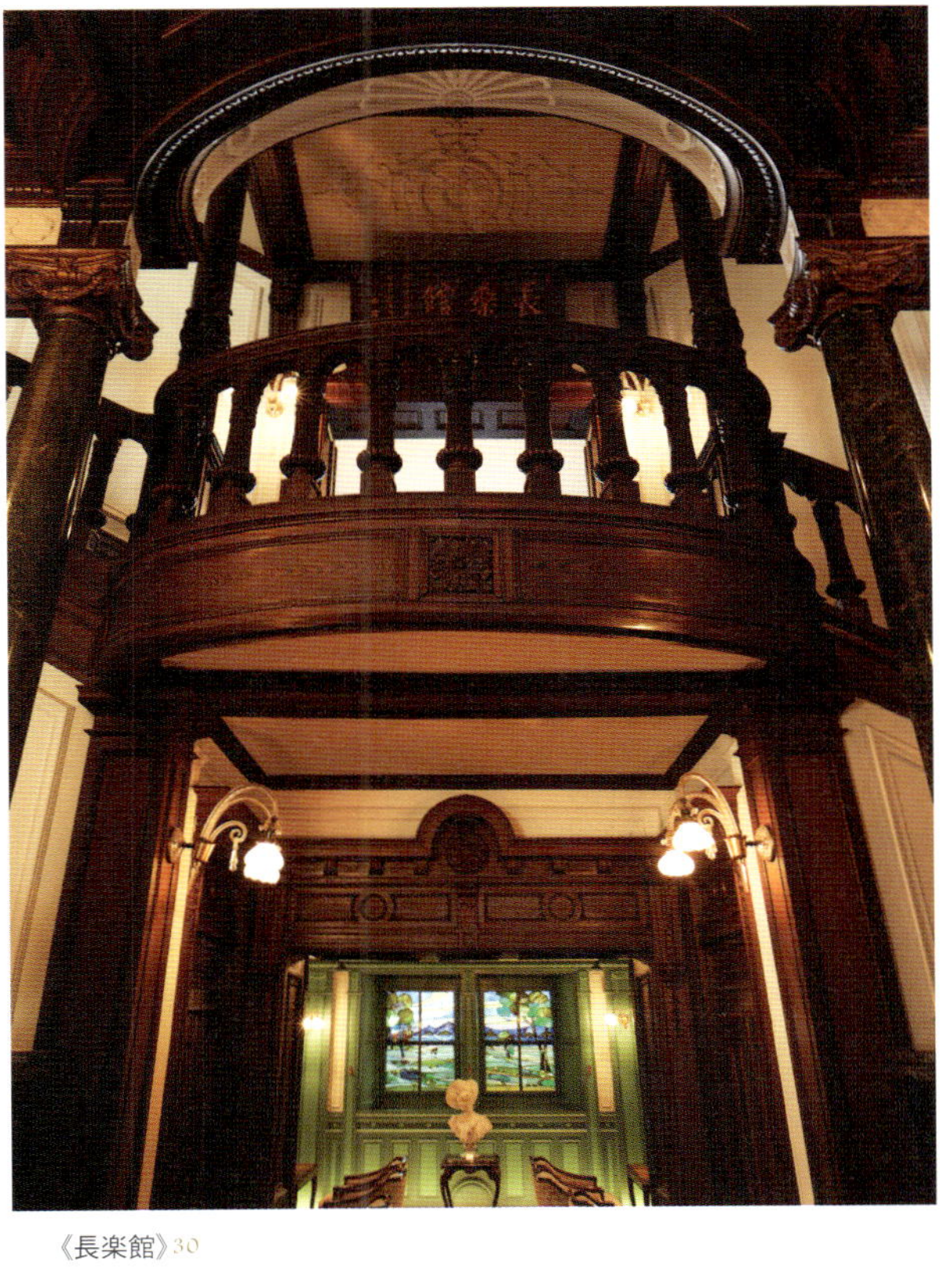

《長楽館》30

が設計したり、後進に任せたりした作品がその幅をさらに広げています。近代以降の中央集権の都・東京とは違う京都の環境が、《聴竹居》35などの環境工学的な取り組みで再評価されている藤井厚二のような個性のゆりかごとなりました。

風光明媚さに物語性が重なった京都は、世俗の心も惹きつけます。特に成功した実業家たちに好まれた東山は、《長楽館》30や《祇園閣》33といった個性派建築も育みます。

近代の京都市民が訪れたのが、例えば東山に向き合う四条大橋のたもとに昭和初め、洋食レストランとして開業した《東華菜館》29であり、同時期にやはり流行のスパニッシュ・スタイルで建てられた《京都芸術センター》39です。後者は元小学校とは思えない豪奢さで、伝統を近代化して栄えた呉服問屋街の産物。政治や時代の変転を生き抜いてきた生業のたくましさが息づいているようです。

「文化の都市」として、京都には受け継がれているものがあります。権威が信仰や学問、美術工芸といった、すぐには役立たないものにも余地を与えてきた土地柄が、直輸入とも言える近代の教会や学校を可能にしました。もちろん革新があって、継承は許されます。双方のせめぎ合いに巧みな都市が、近代にどのような文化を生んだのか。それを体現する建物が空襲を受けずに残り、京都は貴重なレトロ建築の博物館となっています。

《京都芸術センター》39

III

京都レトロ建築マップ

28
京都府庁旧本館

29
東華菜館

30
長楽館

31
平安女学院

32
同志社大学

33
祇園閣

34
京都ハリストス正教会
生神女福音大聖堂

35
聴竹居

36
同志社女子大学

37
京都大学

38
京都文化博物館別館

39
京都芸術センター

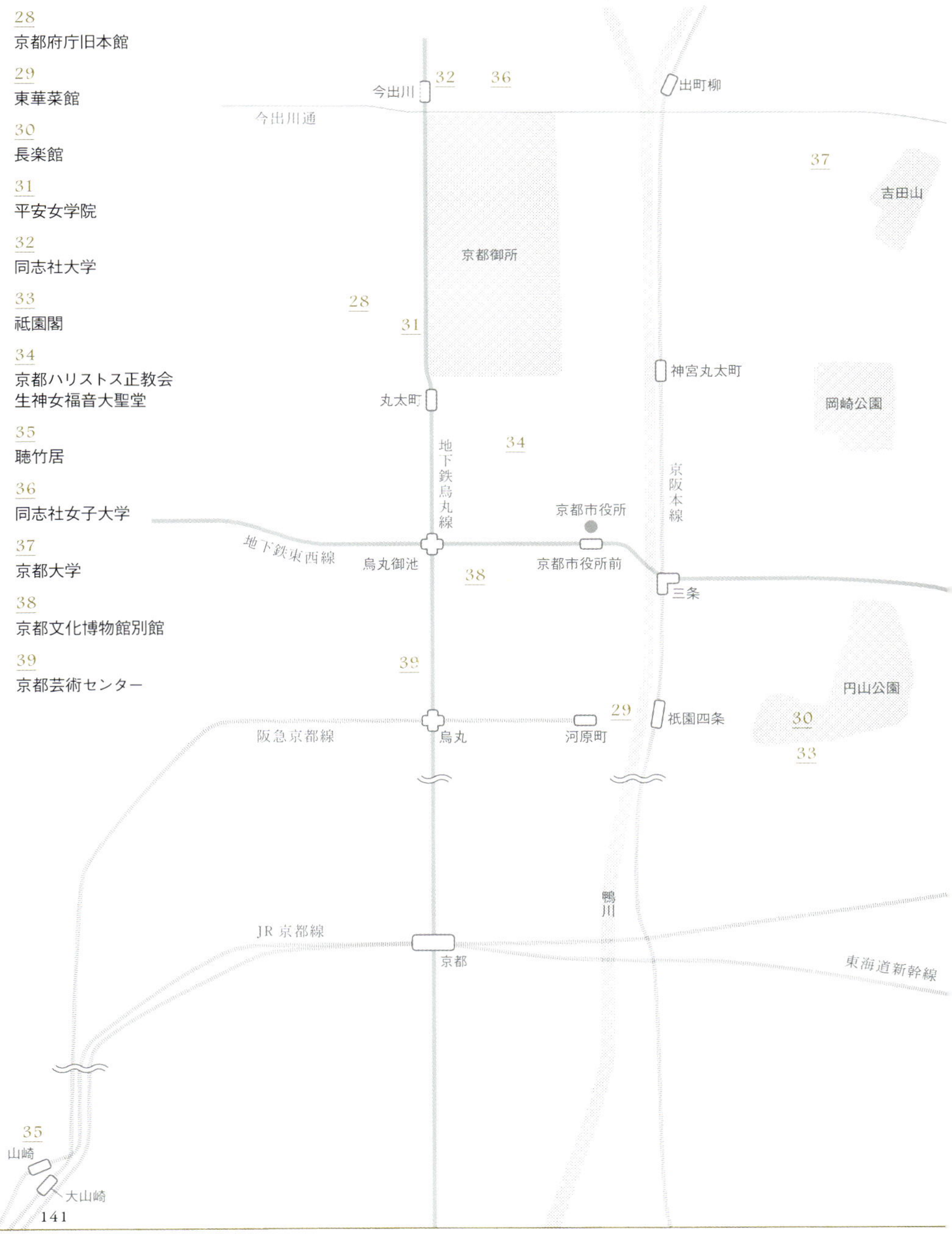

no.28

Shigemitsu
Matsumuro

1904

1904年／松室重光／
レンガ造・一部石造 2階

The Former Main Building of
the Kyoto Prefectural Offices

京都府庁旧本館

庁舎とは
思えないほど
優雅な空間

1

優雅さはまるでフランス貴族の城館のよう。この場所が京都であることも、建てられた時代も、これが近代の行政と政治を遂行する目的の施設であることも忘れて、うっとりとさせられます。

全体の形は、見下ろした時にロの字型をしています。正面に車寄せが突き出し、その上がバルコニーになっています。バルコニーに面した部屋は、公式行事や式典を執り行うための「正庁」。明治から昭和初期の庁舎で重視された部屋です。それにふさわしく格式のあるインテリア。正面中央という大切な場所に位置します。

通りとは反対側の外観も、正面らしさを備えています。こちら側に突き出しているのは広々とした旧議場です。天井は高く、傍聴席のある2階からも上部にはまだ余裕が。そこに開いたアーチ型の窓

2

3

1.中庭に沿って廊下が巡り、端正にまとめられた意匠をガラス窓からの光が照らす。2.落ち着いた格式が漂う正庁。3.旧議場は建物と家具とが一体になった空間。正面中央に議長席を設け、左右に理事者席の長テーブル、議長席の前に演壇があり、ひな壇状の議員席が楕円扇型に取り囲む。

Data

開＝火～金曜、第1・3・5土曜に公開（祝日、12/29～1/3をのぞく）、10:00～17:00

Access

京都府京都市上京区下立売通新町西入薮ノ内町／地下鉄「丸太町」徒歩10分

から日の光が注ぎます。1階と2階の窓の外光と響き合い、白い清潔な壁、上質な木材の光沢、控えめなアクセントである金色の装飾を照らしています。

建物の配置と空間が印象的なのです。旧議場中央の議長席からまっすぐに線を引くと、正庁を通って正面の中央に行き着き、そこから伸びる釜座通りの並木道とぴったり合います。その間にひと息つける中庭があり、回廊が巡り、正面の玄関から階段に続く伸びやかな光景があります。

伝統的な京都になかった左右対称の洋風建築は、たっぷりとした空間が取られているから優雅。正面が都市の風景として眺められ、外光は心動かすシーンを生んで、建物や家具の仕事の確かさを照らします。様式が輸入された初期のぎこちなさを脱し、それが誠実に実現される余裕のあった明治半ばならではの財産です。

上質な空間と太陽の光のハーモニー

1.正面階段の空間が伸びやか。2.玄関から正面階段まで伸びるアーチと柱の列。3.大理石の階段手すり。4.天井の繊細な装飾が、吊り下げられた照明を彩る。

The Former Main Building of
the Kyoto Prefectural Offices

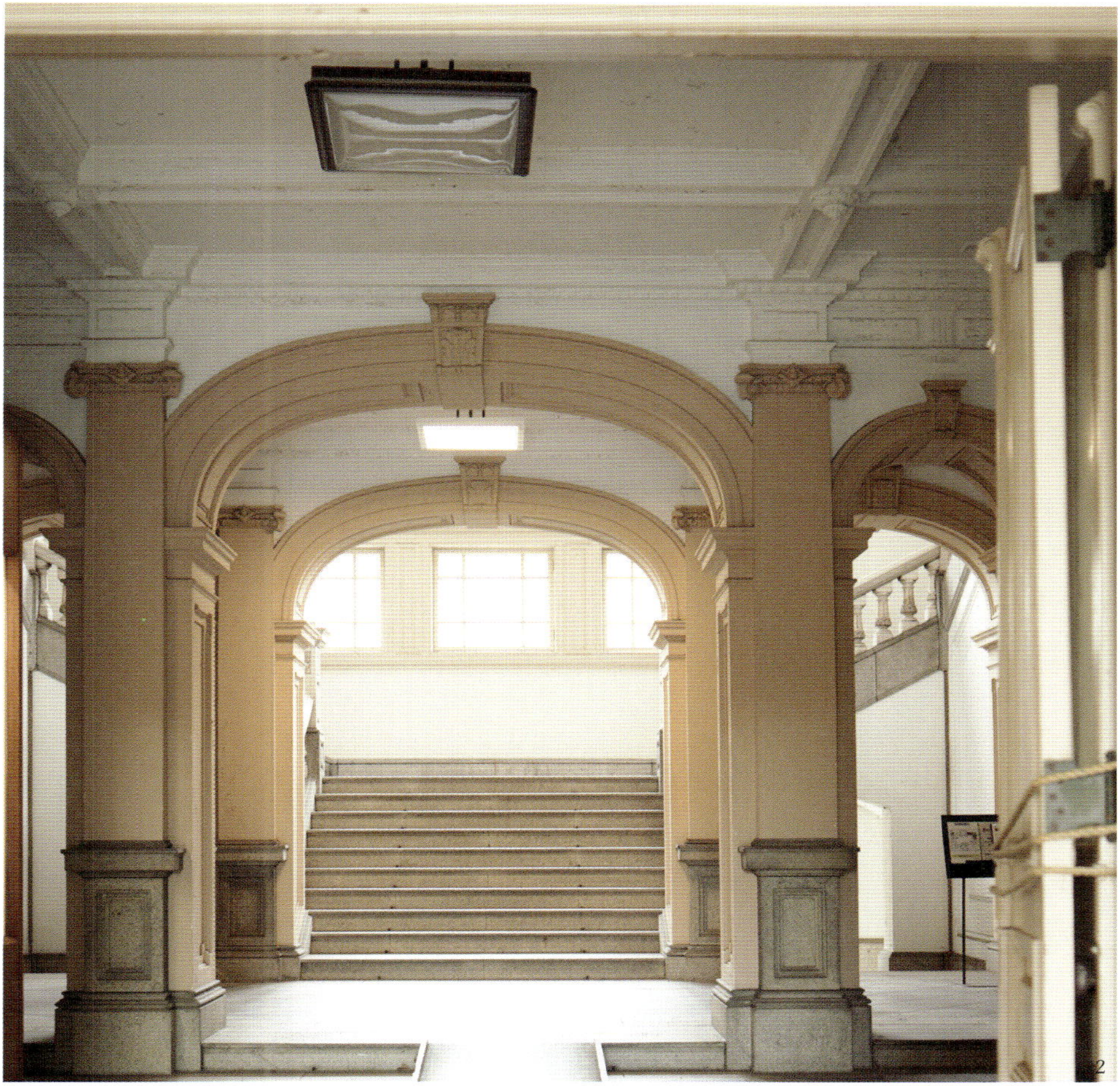

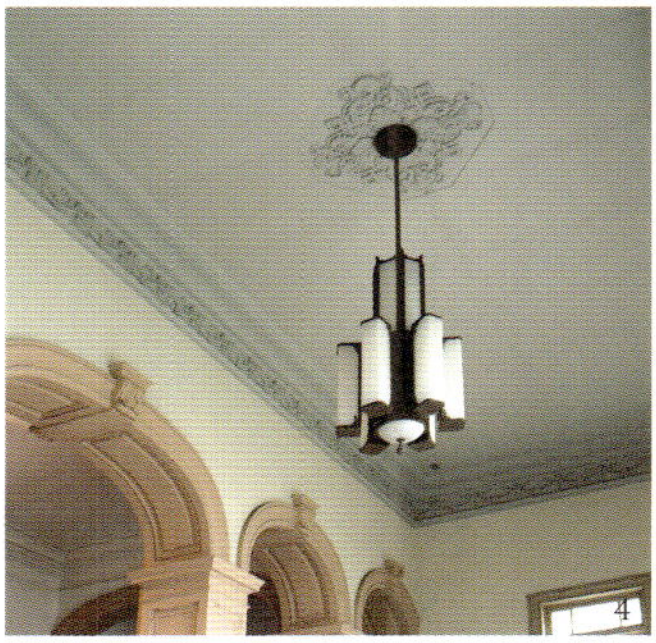

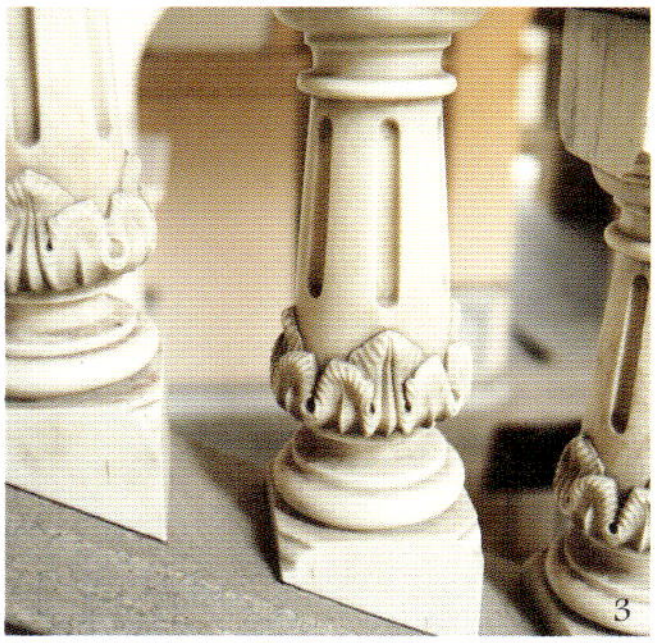

1

2

1.旧議場2階の三方に設けられたひな壇状の傍聴席に、背後の窓から光が差し込む。2.正面と反対側の旧議場玄関には回廊が巡り、外光がドラマチック。3.正面はルネサンス様式にネオ・バロック的要素を加味。17世紀のフランスの城館に通じる気品を生み出している。4.流麗に装飾された旧知事室の暖炉。5.暖炉の周りは装飾タイルと大理石との組み合わせ。6.家具も当時のものが残る。7.アーチが巡る中庭、階段も雰囲気がある。8.中庭越しに正面裏手を眺める。9.正面バルコニーの先に釜座通りの並木道。

3

4

5

6

見た目には
まるで城館のよう

7

8

9

Tohkasaikan

no.29

William Merrell Vories

1926

1926年／W.M.ヴォーリズ／RC造 5階

東華菜館

食の場を彩る
異国情緒と
濃密な装飾

1

北京料理の名店は建築も個性的。にぎやかな装飾の中に魚やタコなど食材にちなむものもあって、会食の場を彩ります。

実は完成時には、洋食レストランでした。明治半ばに牡蠣料理店として始まった「矢尾政」の二代目店主が大正末に店を開き、人気を博しましたが、戦時色が深まる中で営業が困難に。中国から来日した友人に店主が建物を託し、1945年末に現在の東華菜館が生まれました。

ここぞという場所に装飾が施されているから記憶に残ります。まず入り口。左右の窓や壁などはあっさり。しかし、近づくと上には重々しい飾りが重なっていて、目を凝らせば山羊の首や貝殻なども。

設計者のヴォーリズが得意としたスパニッシュ・スタイルが基調です。その中でも、ここではバロック様式の性格を強め、特別感を演出しています。期待を込めて潜る入り口がそうでした。鴨川の対

1.大胆に用いられた歯車状のアーチ。天井の装飾も各部屋で異なる。2.中国式の家具が似合う1階の待合室。3.バロック様式の色彩が強い玄関部。山羊の首や貝殻などの具象的な彫刻が潜んでいる。

Data

中華料理店として営業
開＝11:30～21:30
＊見学だけの来店は不可

Access

京都府京都市下京区四条大橋西詰／阪急「河原町」、京阪「祇園四条」徒歩1分

岸からもひときわ目立つ4階の外壁もそう。ここが開業当初から売りの大宴会場であることが、大きな窓と周囲の濃厚な装飾で強調されています。

中東風のアーチやアラベスク、異国的な文様も見られます。これらはスペインにおけるイスラム文化の影響を拡張したデザイン。ヴォーリズは住宅や教会、学校や百貨店など、幅広く社交の場づくりを得意としました。心に響く意匠で人を楽しませ、建築が料理の東西の違いを軽々と飛び越えています。

1

社交空間に冴える ヴォーリズの手腕

2

3

1.凝った衝立も完成当時から変わらないヴォーリズのデザイン。2.鴨川沿いに建ち、注ぐ光を窓のデザインで効果的に見せている。3.色彩豊かな天井や梁の下面の文様で、見上げた目線も楽しませる。4.タコやタツノオトシゴなど、生き物のレリーフが各所にあしらわれている。5.複雑なアーチが空間に抑揚をつける。6.最上部の塔屋にも意匠が凝らされて、バロック様式の教会をほうふつとさせる。

6

5

4

Chourakukan

no.30

James McDonald Gardiner

1909

1909年／J.M.ガーディナー／レンガ造 3階

長楽館

様々なスタイルの部屋が連続するめくるめく洋館

1

部屋をまわれば、めくるめく光景。格式を最も感じさせるのが、光にあふれたダイニングルームでしょう。白を基調に、高い天井に至るまで正統派の装飾で整えられています。古代ローマの建築を手本にしたネオ・クラシック様式です。

同じ1階でも、応接間は古典を優雅に崩したロココ様式。壁に組み込まれた絵には世界の名所が描かれているなど、様式にふさわしい遊び心が散りばめられています。

長楽館は元・村井吉兵衛の京都別邸でした。村井は幕末の京都の貧しい家に生まれ、9歳で叔父の養子に出されて、煙草の行商を始めました。貯めた資金を元手に煙草製造にのり出し、日本で初めて喫煙具を使わずに吸える両切り紙巻き煙草を発売。その後もヒットを飛ばし、

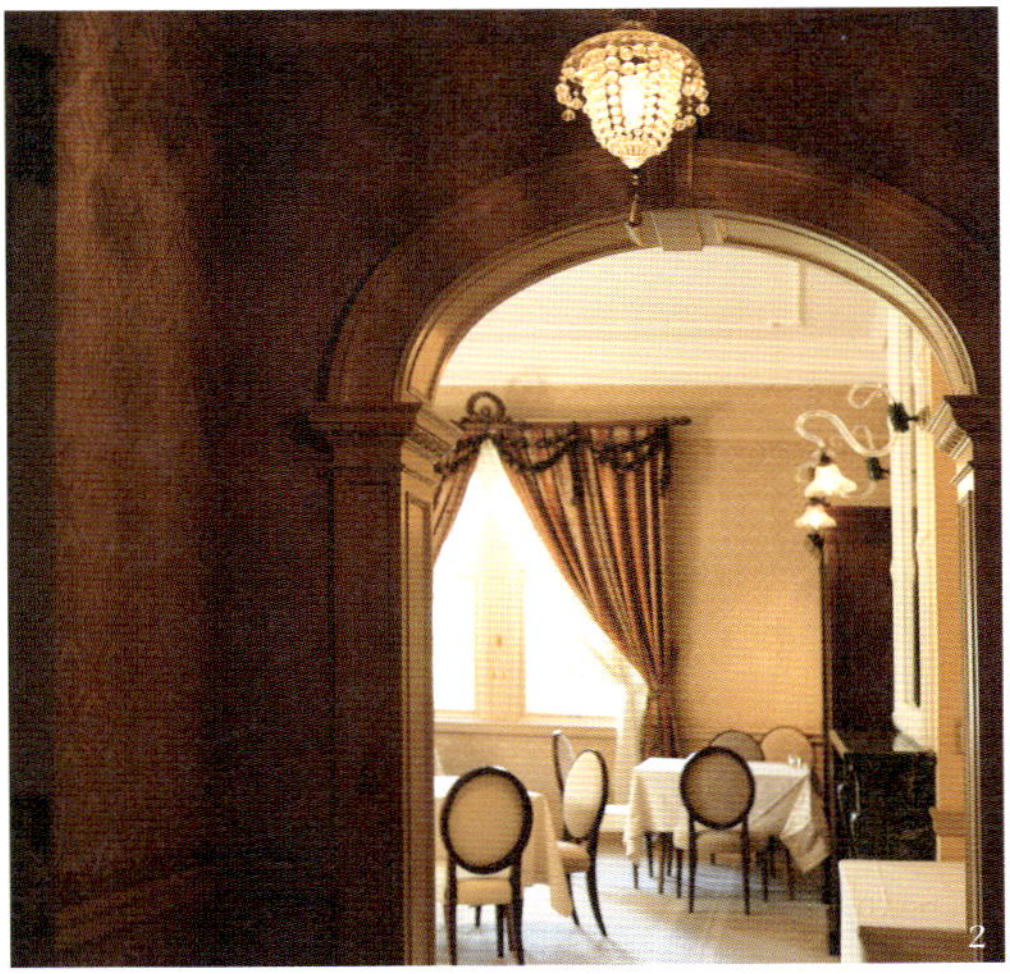

2

3

1. かつてのダイニングルームは気品高いネオ・クラシック様式。宮殿を思わせる大きな鏡に窓の外の光が反射する。2. 国内外の賓客のためのゲストルームとして使用された部屋。扉の内側に短いアプローチが設けられて気分を変える。3. 応接間は気分を和らげるロココ様式。著名な観光地を描いた壁の絵は、明治天皇像の制作も許された画家・高木背水によるもの。

Data

[カフェ] 11:00〜18:00
[フレンチレストラン] 11:30〜14:00／17:30〜19:30
＊3階は通常非公開

Access

京都府京都市東山区八坂鳥居前東入ル円山町604／京阪「祇園四条」徒歩10分

1

4

3

2

１９０４年に煙草が国に専売化されたことと引き換えに得た莫大な補償金をもとに、銀行業や製造業に進出しました。

国内外から賓客を迎える迎賓館として建てた長楽館。世界を旅するような本格的な様式のおもてなしがあります。

２階の喫煙室はイスラム風タイルの床に、螺鈿細工を配した中国風の椅子。さらに３階は東西の喫煙文化をかけ渡した「煙草王」の和風御殿です。各室を結ぶホールや階段も西洋の邸宅に引けを取りません。村井が指名したアメリカ人建築家・ガーディナーの本領発揮です。

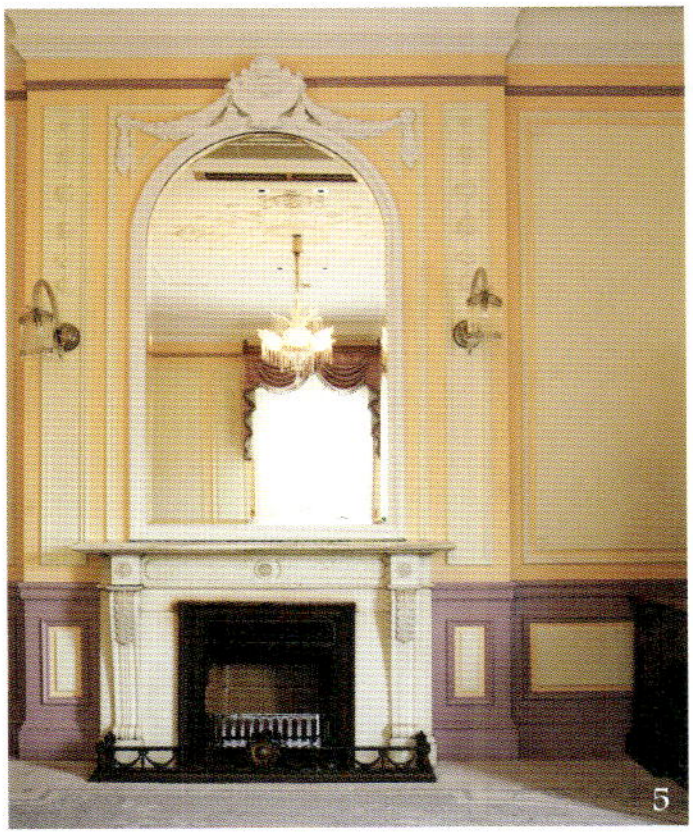

5

ダイナミックな
階段の空間

6

1.応接間が玄関脇に位置するのは洋館の定石だが、ここまで広いものは珍しい。曲線を多用して優雅な雰囲気。2.当時の家具や調度品が残っているのも特色。鏡の精巧な彫刻に引きこまれる。3.この西洋家具では古典的なモチーフが軽やかにアレンジされている。4.ビリヤードを楽しむためにつくられた部屋は軽快な木造風のつくり。5.村井吉兵衛の妻が過ごした2階の部屋は、正統派でありながら固すぎないインテリア。6.1階から2階に上がる階段の空間が実にダイナミックだ。

1

2

格天井にバカラの シャンデリアも

5

3

4

1.2階から3階までは左右対称の階段。アーチの先に畳敷きの茶室「長楽庵」がある。2.長楽庵は表千家の残月亭を参照しているが、それとは異なるアーチ窓や円窓と相まって不思議な世界。3.3階の書院造の「御成の間」にはバカラ社製のシャンデリアも配され、格天井も独特のデザイン。4.喫煙室のステンドグラス。5.かつて喫煙時に使われた螺鈿の椅子。床はタイルを組み合わせたイスラム風のアラベスク、部屋には竹や蘭など中国風のデザインも。

St. Agnes' School

no.31

Alexander Nelson
Hansell

1895

James McDonald
Gardiner

1898

平安女学院

本格的な様式に基づいた女学校と大聖堂

[明治館] 1895年／A.N.ハンセル／レンガ造 2階
[聖アグネス教会] 1898年／J.M.ガーディナー／レンガ造

1

明治半ばの１８９５年、大阪の川口居留地にあった女学校が当地に移転し、「平安女学院」になりました。同じ年に明治館が完成。すぐに同校の礼拝堂であり、日本聖公会京都地区の大聖堂でもある聖アグネス教会も姿を見せます。

　この頃、ようやく首都をはじめとした国内の要所に、しっかりした「様式」に基づいた洋風建築が現れはじめます。ジョサイア・コンドルの三菱一号館（１８９４）や弟子の辰野金吾による日本銀行本店（１８９６）などが同年代です。

　様式とは、過去のある時代に特徴的な形のこと。そのアレンジを通して独自性を出すのが「レトロ建築」の手法です。

　明治館は、18世紀初頭のイギリスのアン女王の時代の建築をヒントに生まれた、クイーン・アン様式に基づいています。

2

1.ステンドグラスの三角形は、父なる神、子なる神（キリスト）、聖霊なる神が三位一体であることの象徴。聖アグネス教会の献堂時の名称は、聖三一大聖堂だった。2.露出された小屋組が大らかな雰囲気を醸し出す。3.「ダッチ・ゲーブル」と呼ばれるオランダ風の曲線を持った明治館の破風は、クイーン・アン様式の特徴。3つがそれぞれの姿で、一体としての効果を発揮している。

3

Data

[聖アグネス教会] 日曜礼拝時は自由に参加可能、明治館は通常非公開

Access

京都府京都市上京区烏丸通下立売西入ル／地下鉄「丸太町」徒歩5分

1

優美な空間を保ち続ける大聖堂

当時のイギリスの最新流行でした。曲線を描く破風や木やレンガの素材を生かした仕上げに、この様式の特徴である洗練された素朴さが現れています。設計は、イギリスから来日したハンセルです。その3年後、アメリカから太平洋を渡り来日したガーディナーにより、教会が献堂されました。重厚なゴシック様式に基づき、おおらかに人々を包み込む空間です。

近代化して間もない時期から、東回りと西回りに建築家を集め、本格的な様式による建築を実現。足かけ3世紀の校名と校舎が、明治のミッション・スクールが特別な空間だったことを伝えます。

2

1.堂内の角から八角形に張り出した洗礼室。2.明治館の入り口には完成年である「1895」や「平安女学院」の文字が装飾的に掲げられている。3.レンガの壁が通りに面して風格を放つ。4.明治館の中には折り返し階段を中心に、天井高の異なる教室が配されている。5.「ハンマービーム」と呼ばれる短い梁をアーチで支えて、壁から突き出させる。この小屋組はデザインの要点。6.構造を支えるレンガの壁。7.今も教室として日常的に使われている。8.当初からの暖炉。

Doshisha University

no.32

Daniel Crosby Greene

1884

Alexander Nelson Hansell

1890

William Merrell Vories

1932

同志社大学

それぞれ異なる表情の赤レンガ建築

[彰栄館] 1884年/D.C.グリーン
[礼拝堂] 1886年/D.C.グリーン
[有終館] 1887年/D.C.グリーン
[ハリス理化学館] 1890年/A.N.ハンセル
[クラーク記念館] 1894年/R.ゼール
[啓明館] 1920年/W.M.ヴォーリズ
[アーモスト館] 1932年/W.M.ヴォーリズ

1

歴史あるキャンパスで赤レンガがさまざまな表情を見せます。明治10～20年代に建てられた5棟が、国の重要文化財に指定されています。当時はまだ日本人の建築家が本格的に活躍する前の時代でしたから、設計を手掛けたのはどれも外国人。その指導を受けて大工棟梁たちが腕を振るい、京都の人々がほぼ最初に目にするレンガ造の建築が生まれました。

最も古い彰栄館は、鐘を収めた時計塔が印象的です。向かいにある同志社礼拝堂も、飾り気のない入り口と屋根の形が記憶に残ります。有終館は初代の図書館。1928年の火災で内部を焼失した後も外壁は保存され、装飾の少なさが実直なレンガの味わいを引き立てています。

これら3棟は、アメリカから派遣された宣教師のグリーンの設計・指導によるもの。簡素ながら、ひと目で洋風の施設だと分かる人懐っこいキャラクターづく

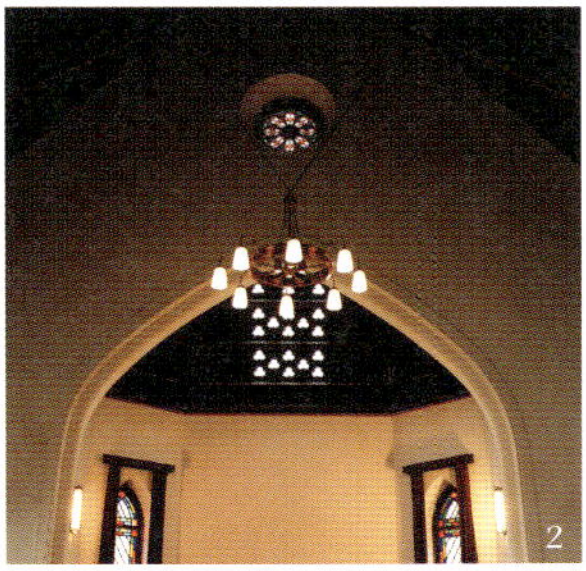

1.色ガラスの鮮やかな色彩の組み合わせが、礼拝堂の壁に映る。2.正面の上部に目を凝らすと小さな薔薇窓。3.クラーク記念館の階段は玄関扉の上をまわりこむ凝った形式。4.礼拝堂は日本におけるハンマービーム屋根（P.161）の初期の好例。壁から壁までの長い梁をかけなくてすむために、ゆったりとした2階席が設けられている。

Data

キャンパス内からの外観見学は自由。同志社礼拝堂・クラーク記念館はキャンパスツアー、一般公開日に内観見学可。ハリス理化学館はギャラリーとして公開。アーモスト館・有終館・彰栄館の内観は一般非公開

Access

京都府京都市上京区今出川通烏丸東入ル／地下鉄「今出川」徒歩1分

りが上手です。

続くハリス理化学館は、気品をたたえた雰囲気です。完成の時期は2～3年差ですので、ここにはイギリスで本格的に建築を学んだ設計者・ハンセルの性格が反映しているのでしょう。

クラーク記念館はぐっとシンボリック。外観は赤レンガと白い石の組み合わせを継承しつつも、ドイツ人建築家・ゼールのデザインへの意欲が直接的に感じられ、校内の目玉にもなっています。

明治の伝統と変奏は大正期にヴォーリズへと引き継がれました。啓明館は2代目の図書館、アーモスト館は鉄筋コンクリート造ですが、赤レンガの外観を踏襲しながら、豊かなアメリカの大学のような独特の魅力を備えています。赤レンガ建築とひとからげにできない、西洋的な伝統を国内で実感できる特別な大学です。

3

1

2

1.2つの屋根型が重なる同志社礼拝堂の外観。2.レンガと石の組み合わせが技巧的なハリス理化学館。デザインに同じ設計者による平安女学院（P.158）に通じる。3.初代の図書館である有終館。火災で内部を焼失したが、外壁が保存されて現役。4.彰栄館は鐘楼と時計塔を兼ねた中央の塔屋が目を引く。5.ハリス理化学館の入り口には「SCIENCE」の文字が、中世の写本を思わせるスタイルで刻まれている。6.塔屋が斜めに構えてひときわ高く、大学のシンボル的存在のクラーク記念館。

4

クラーク記念館は
大学のシンボル

6

5

船形天井が包む
チャペル空間

1.クラーク記念館はドアの上部も重厚に装飾されている。2.クラーク記念館のチャペルの豊かな天井飾り。3.レンガ造で支えられた広いチャペルの空間を、中央の高い船形天井が包み込んでいる。4.クラーク記念館内の、塔屋に隣り合っているために不規則な平面である教室。正面の階段は塔の内部に続いている。

1.絵画を思わせるアーモスト館の床タイル装飾。2.正面玄関を中心に外観も左右対称に設計されている。3.白を基調とした室内に光を注ぐガラス窓。4.緩やかにリズムを刻む階段の段板。5.華麗な天井装飾の中心から照明器具が下がる。6.手すりも繊細にデザインされた品位ある階段。7.2代目図書館である啓明館は、大柄な玄関で人を招き寄せる。8.大きな邸宅のようなアーモスト館の外観。
＊アーモスト館は内部非公開

1

4

2

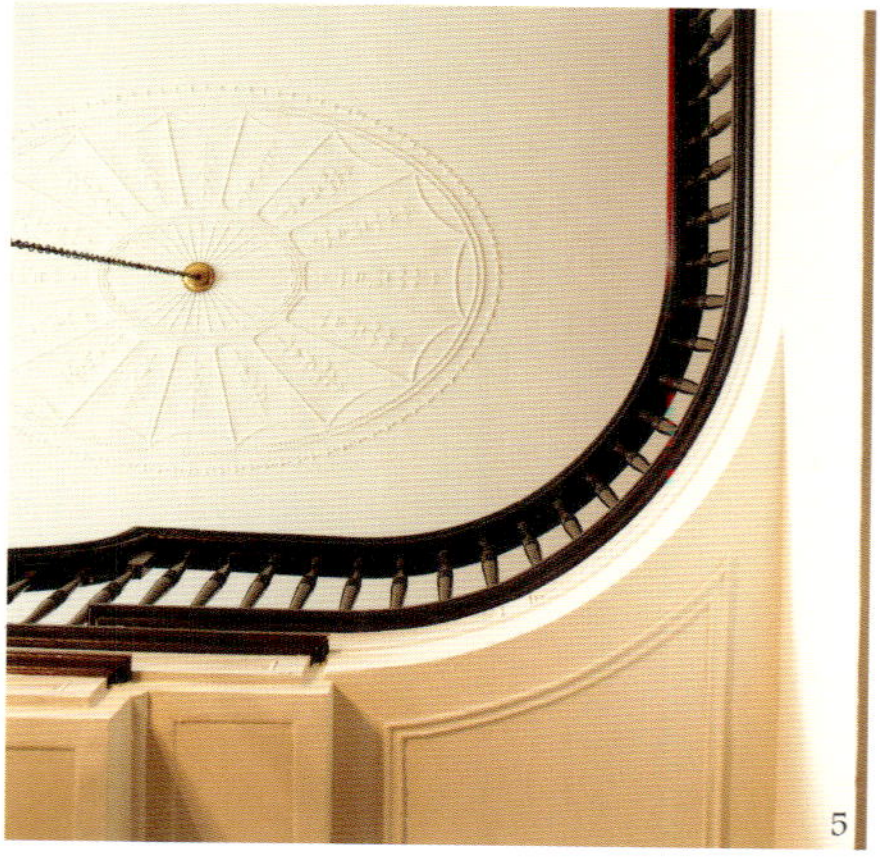
5

3

6

手すりまで
繊細にデザイン

8

7

Gionkaku

no.33

Chuta Ito

1927

1927年／伊東忠太／
SRC造 3階

祇園閣

時代の個性が
解き放たれた
独特な望楼

1

東山に約36mの塔を建てたのは明治初めに商人として頭角を現し、一代で大倉財閥を築いた大倉喜八郎。彼は方々の一等地に邸宅を構えましたが、これは京都の別邸内につくらせた個人的な望楼です。

祇園祭の山鉾《やまぼこ》を巨大にした上側の形が、離れた場所から目立ちます。ざっくりと京都的。でも近づくにつれて姿を現すのは、設計した伊東忠太による観念だけでは捉えられないデザインの妙です。

石積みのような下部は高い基壇《きだん》の上に載る中国の建築を参照したもの。階段で照明を抱えた妖怪や、尻を噛んで輪廻する十二支の天井彫刻は、ヨーロッパのゴシック建築のガーゴイルや、インド建築の生命力あふれた彫像を彷彿とさせます。

伊東は明治半ばに3年間かけ、世界一周の調査旅行を行いました。元々、曲線

2

3

1..階段の中には照明を抱えた妖怪がいる。2.十二支の動物がつながりあって巡る天井の独特な装飾。3.折上格天井や火燈窓、擬宝珠など、さまざまな伝統建築の細部を取り合わせている。

Data

通常非公開

Access

京都府京都市東山区祇園町南側594-1 大雲院内／京阪「祇園四条」徒歩20分

1

2

や滑稽さを好み、西洋と東洋をかけ渡せないかと思考していた伊東はこの貴重な経験を生かし、独自の作風を打ち立てました。東京帝国大学教授でありながら我が道を行く建築家としてのスタイルは、大倉の雅号「鶴彦」にちなんだ頂上や扉の鶴の姿、狛犬の表情にも生きています。

大倉は落成の2ヵ月前に90歳でこの世を去り、塔は当地に移転した名刹・大雲院に受け継がれて、今や古都の風景のひとつに。遠くから望めば大倉喜八郎、近くに寄ると伊東忠太。視点が抜き出た明治の大人物を忍ばせます。

遠くからも目立つ
特徴的な外観

5

6

3

4

1. 扉の裏側では大倉の雅号「鶴彦」にちなむ2羽の鶴が踊る。2. 正面を守る阿吽の狛犬も、伊東忠太のデザインらしいとぼけた表情。3. 石積み風の下部は、高い基壇を持つ中国の建築を参照。4. 伝統建築の組物も鉄筋コンクリートで再現。5. 銅板葺きの屋根が遠くからも目立つ。6. 完成時の上部は吹きさらしで、のちに建具が入った。

The Orthodox Church in Kyoto

no.34

Shigemitsu Matsumuro

1903

1903年／松室重光／
木造平屋 3階鐘楼付き

ロシアから直輸入された教会建築の美

京都ハリストス正教会生神女福音大聖堂

1

2

町家が残る界隈に、見慣れない形の教会があります。左右ではなく、中央に大きな塔が1本。上に玉ねぎ型ドームが載り、八端《はったん》十字架が掲げられています。十字形の上部にある横線は磔にされたキリストの罪状書きの札を示し、下部の斜め線は十字架の足台を象徴します。

名の「ハリストス」は「キリスト」のこと。東ローマ帝国（ビザンツ帝国）で使われたギリシャ語に由来します。同じ言葉で「正教」は「オルソドクシア」、英語の「オーソドックス」の語源です。

1. 木製の建具類の上部にキリストのイコン。2. 正教に特徴的なイコノスタシス（聖障）はロシアのモスクワで製作されたが、教会の幅より大きかったために、端を折って設置された。

Data

日曜午前の主日聖体礼儀は拝観可能。平日の聖堂拝観は要事前予約

Access

京都府京都市中京区柳馬場通二条上ル6-283／地下鉄「烏丸御池」「丸太町」「京都市役所前」徒歩10分

イコノスタシスに30枚のイコン

1

十字架刑に処されたキリストの死と復活を「神による人間の救い」として直接に体験し、後世に伝えた弟子たちの信仰を正統に受け継いでいると自認する東ローマの信仰は、西欧のカトリックと袂を分かち、帝国の滅亡を乗り越えてロシアに伝承されました。ユーラシア大陸の端の島国に広がったのは、1861年に来日した宣教師ニコライの精力的な伝道によります。

教会の形はロシアで発行された設計図面集から選択し、それを忠実に再現。正教で祈りを媒介する特有のイコン（聖画像）もロシアで制作され、運ばれました。

いわば直輸入の教会の美が胸を打ちます。理性を超えた神への祈りを重視した正教の本質は、人間のいるどの土地にも共鳴すると信じたニコライの思いが反映された建築だといえます。

4

2

5

1. 正面に30枚のイコンがはめこまれたイコノスタシスが立ち、最奥の至聖所を想像させる。2. 正面の中央に構えた塔の頂部には、小さな玉ねぎ型のドームが載る。3. 折り目正しい木製の扉から内部がうかがえる。4. 階段の下にも細やかな装飾。5. ステンドグラスの色彩が蝋燭立てに映る。6. 文様が施されたドア金具。7. 建築の一部としてつくり込まれた細部。

6

3

7

Chochikukyo

no.35

Koji Fujii

1928

1928年／藤井厚二／
木造平屋建

聴竹居

自ら住みながら
試し続けた
住宅建築の結晶

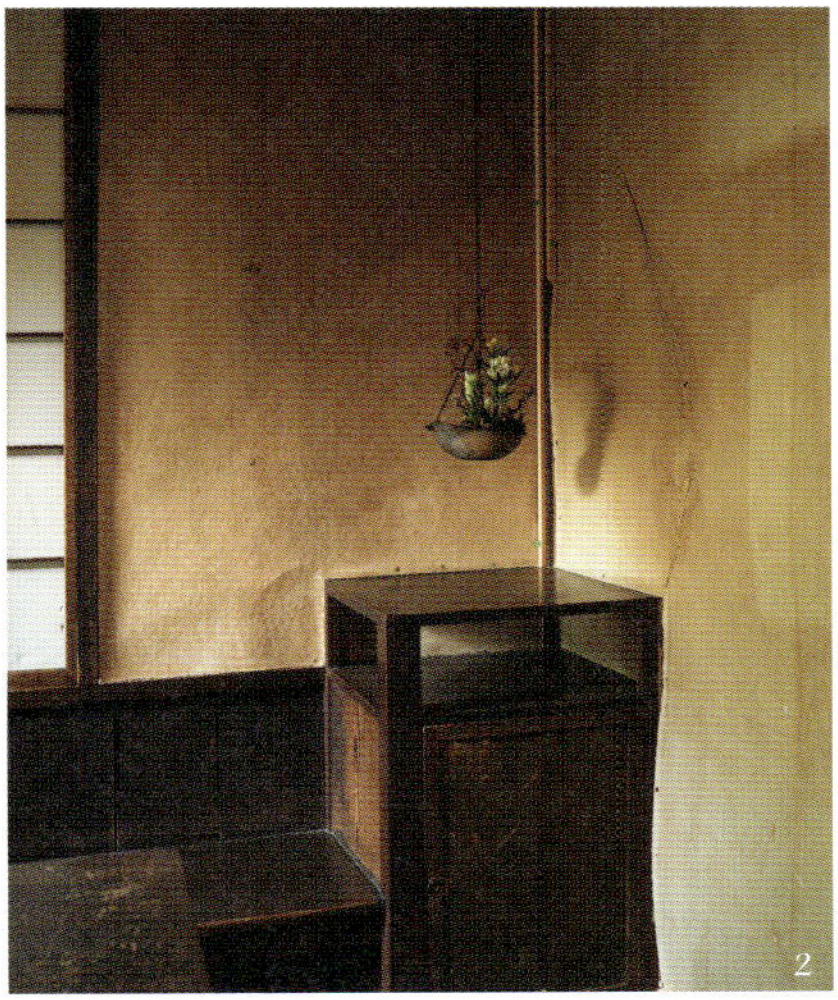

藤井厚二が設計した住宅です。彼は住み手でもありました。伝統的な日本の建築には長所もたくさんある。そう考えた建築家です。靴を脱いで清潔に暮らすこと、自然の風合いを生かしていること、軒と庇を出し、風が通るつくりであること。この風土に暮らす私たちの感覚に心地よい要素を理性的にとらえ、前進させることはできないか。そんな思いを京都帝国大学の教員となった１９２０年前後から実践します。自邸を建て、家族で暮らして検証し、改善点を次の設計に生かす、というサイクルを通じて。

聴竹居は5軒目にして最後の自邸です。木造平屋建ての玄関からドアを開けると、広い居室。そこからの部屋の続き方が面白いのです。「部屋」であると日本の建築では厳密にはいえないところがあります。襖や障子を横に動かすことで、目線や空気を遮ったり、一室のように使えたり。二人の娘と自分のための机と棚が丁

1.ガラス戸で縁側を囲んだ南向きのサンルーム。角に柱がなく、上下がすりガラスであることで、横長に切り取られた周囲の風景に意識が向く。2.生活に彩りを添える食事室の棚、その上に吊られた花籠。3.客室は和洋の巧みな組み合わせ。障子に似合うつくり付けのソファ。床の間との境には、杉の柾目板や細竹でつくられた繊細なスクリーンが設けられている。

Data

水・金・日曜日に見学会開催（要予約・見学料1,000円、学生・児童500円）

Access

京都府乙訓郡大山崎町谷田31／JR「山崎」徒歩10分

2

1

住み手の目線まで考えぬかれた空間

寧に組み込まれた読書室や、モダン数寄屋の客室と居室の間は襖に。食事室、それに畳敷きの小上がりとの間は、床の段差や木の組子《くみこ》が緩やかな間仕切りに。このように居室を中心に空間が連続し、暮らしの場面に応じて空間体験がスムーズに変化する住まいになっています。

壁で空間を断絶させないことの豊かさは内部と外部の関係にも。南側のサンルームは室内に光を導きます。ガラス戸を引けば室内が庭に連なり、素材を生かした建物の端正さが木々に似合います。日本の伝統が培ってきた、表と裏、内と外に二分しない細やかさに気づかされます。

3

1.小上がりの下の導気口は、西側の風通しの良い場所へと続く。地中を通した土管の中で、取り入れた外気の温度を下げ、より快適な夏の通風を導く工夫。2.数寄屋造の違い棚からヒントを得た棚。3.2人の娘の机は、顔を上げるとサンルーム越しの風景が目に入る。4.四分の一円を用いた組子。対角線上にとられた窓によって、部屋に広がりを与える。

4

随所に見られる
幾何学的なデザイン

7

8

1.美濃紙を貼った客室の照明。正面と同時に、裏手の床の間に光を落とす。2.サンルームの天井に設けたスライド式の排気口は夏に熱気がこもらず、冬に暖気を逃さない配慮。3.あっさりした幾何学的なデザインで欄間も斬新。4.繊細な材の取り合わせを匠の技が実現させている。5.ガラス戸の下は掃き出し窓となっている。6.小上がりの三角形の棚には仏壇が収まる。7.環境衛生と機能への心配りはキッチンにも。広い窓によって明るい光を取り入れ、配膳のためのハッチや食器棚は食事室側からも開閉可能なつくり。電気冷蔵庫や電気コンロも当初から設置された。8.清らかな線で構成された外観。

Doshisha Women's College of Liberal Arts

no.36

Goichi Takeda

1914
1932

同志社女子大学

和と融合した赤レンガの気品ある姿

[ジェームズ館] 1914年／武田五一／レンガ造 2階・地下1階
[栄光館] 1932年／武田五一／RC造 2階・地下1階

1

赤レンガなのに、どことなく感じられる和の味わい。2棟の建物を手がけた武田五一は、卒業論文を「茶室建築」で書きました。軽妙な「茶室」と重々しい「建築」。両者を水と油ではなく、化合できないか。それまで世界で誰もしていなかった問いは、卒業後の留学を経て解答を模索するに至ります。アール・ヌーヴォーやセセッションなど、新様式の軽やかさを仲立ちにするやり方で。

ジェームズ館は、留学から戻って約10年後の作品です。完全な形で今に伝わる武田のレンガ造建築としては国内最古。ですが、外観はレンガの重みや厚みを感じさせません。壁に凹凸を付けたり、1階部分を重厚に仕上げたりといった定石を外しているからでしょう。その代わりに、縦横に白い石の帯を入れる、中央の

1.平滑な壁面、幾何学的なアーチ型。ジェームズ館は軽快な印象を与える。2.栄光館で印象的な八角形の時計塔の内部。現在はステンドグラスが入り、瞑想室となっている。3.八角形のモチーフは栄光館の入り口にも。

Data

構内見学については広報課に要確認

Access

京都府京都市上京区今出川通寺町西入ル／地下鉄「今出川」徒歩5分

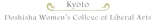

アーチを半円形に幾何学化するなどの図式的な操作で軽快な印象に。軒裏では花崗岩を日本建築の木鼻《きばな》の形に加工して、木の垂木《たるき》や和瓦の屋根に違和感なくつなげています。

新感覚のデザインで新風を吹き込み、当時、京都工芸高等学校（現・京都工芸繊維大学）教授として、数々の関西の建築家を育てた才気がうかがえます。

栄光館は18年後の完成。京都帝国大学に建築学科を創設するという次の大役を終え、武田が大学を辞した年です。時代は鉄筋コンクリート造に移っていましたが、赤レンガの壁を継承し、新たな和風にも挑戦。凛とした佇まいのキャンパスで、武田の二人の娘も学びました。

清々しく 軽快な内部空間

1.栄光館の中にある約1600人収容の講堂「ファウラーチャペル」。2.ジェームズ館の広い廊下。アーチと天井の曲面が呼応する。3.白漆喰の天井や壁に木のラインが走るインテリアがジェームズ館の特徴。高い天井や階段のつくりなどは洋風だが、面を分割することで、あっさりとした趣が生まれた。4.壁から突き出た短い梁や通気口の形に日本の伝統を取り入れた。レンガを装飾的に貼り分けた壁面のデザインは、のちの京都大学百周年時計台記念館（P.189）に通じる。5.栄光館の赤レンガの壁や瓦屋根に、ジェームズ館のデザインが踏襲されている。

Doshisha Women's College of Liberal Arts

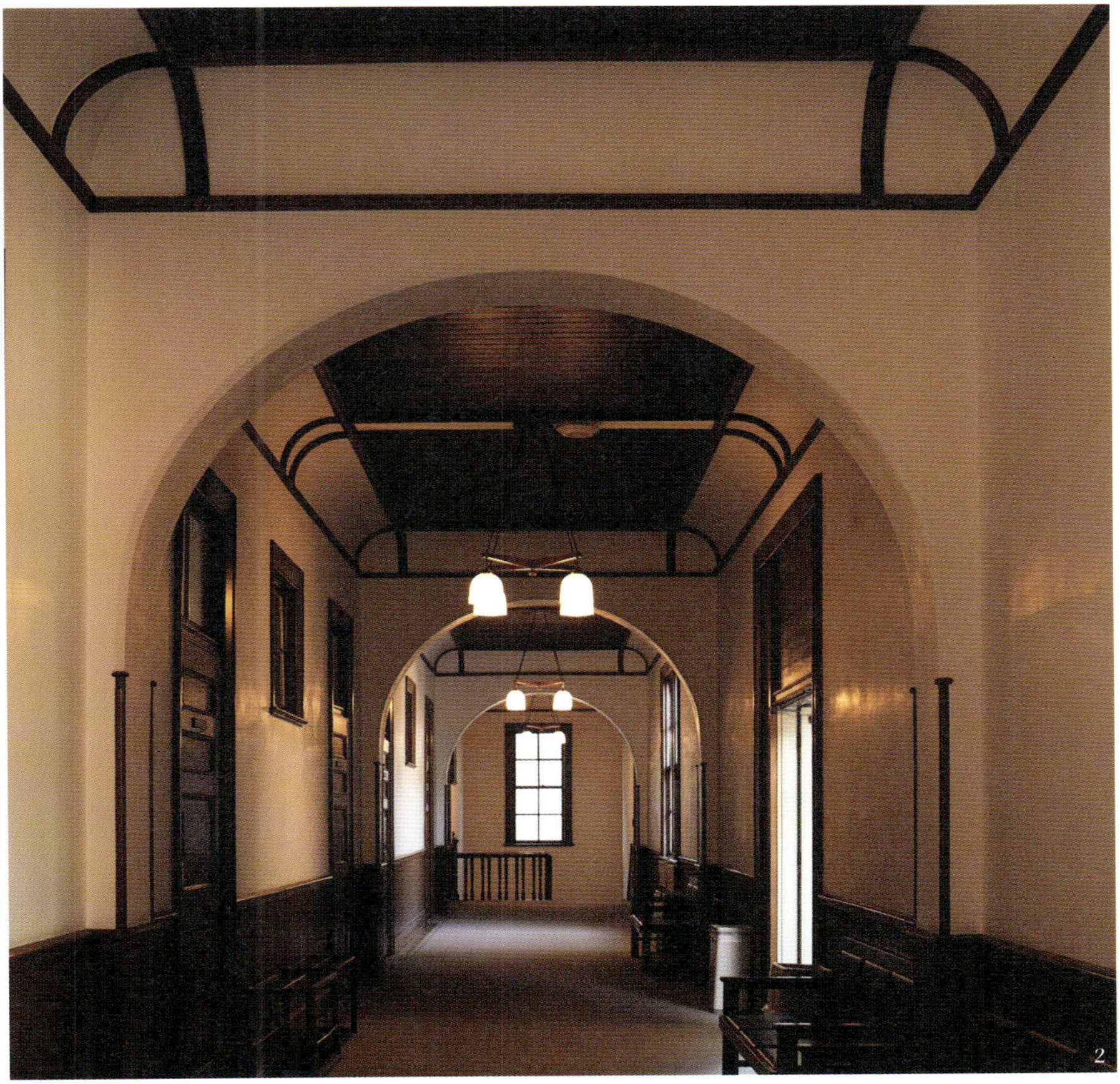

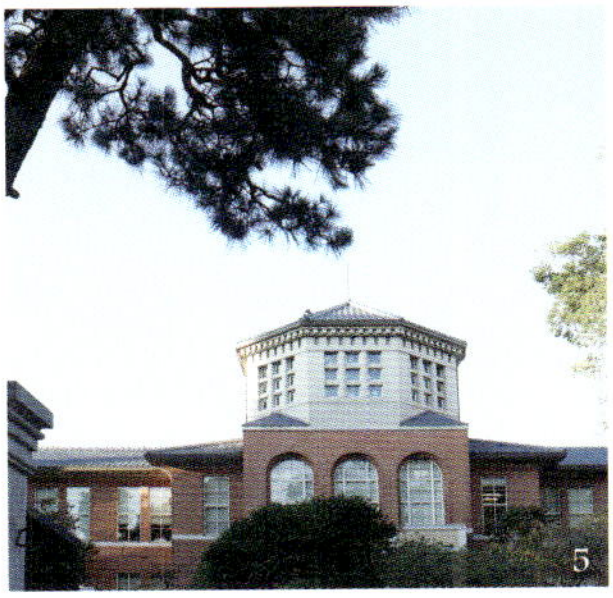

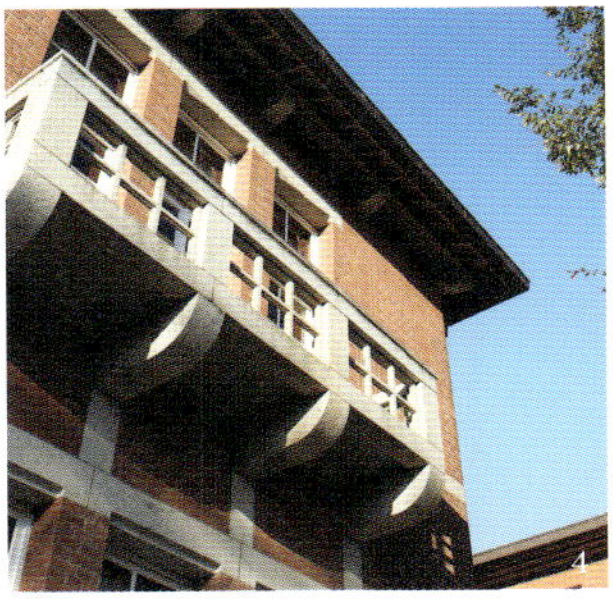

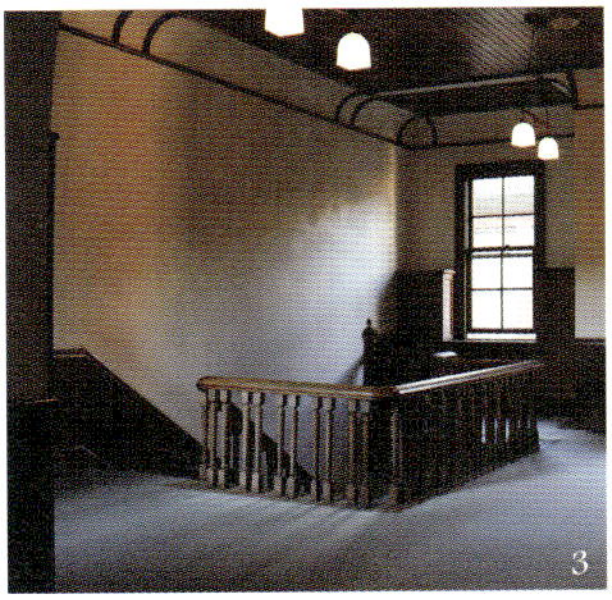

KYOTO UNIVERSITY

自由な学風が育んできた多彩なかたち

京都大学

no.37

Jihei Yamamoto
Kyozo Nagase

1914

Goichi Takeda

1925

Saburo Okura

1931

[文学部陳列館] 1914年／山本治兵衛、永瀬狂三
[百周年時計台記念館] 1925年／武田五一
[楽友会館] 1925年／森田慶一
[東アジア人文情報学研究センター] 1930年／武田五一、東畑謙三
[旧演習林事務室] 1931年／大倉三郎

1

3

2

「自由な学風」という言葉が、京都大学にはよく使われます。

キャンパスのつくりがまず自由です。広い中庭もなければ、街路の正面に重厚な建物がある権威的な光景もありません。象徴的といえるのは、京都大学の写真として使われることの多い本部構内正門からの眺めくらいでしょうか。

日本で2校目の帝国大学として1897年に開学しました。校地となったのは、それまで第三高等学校があった敷地。先の正門は、その前身である第三高等中学校の正門を引き継いだものです。そのため、他の建物と素材も形も大きく違っています。

正面の百周年時計台記念館は元の本館です。立派ですが時計の文字盤がかわいらしかったり、タイル貼りの壁に繊細な文様が仕組まれていたりと、設計に関わった京都帝国大学建築学科の初代教授・武田五一の軽快な性格が表れています。

1. 東アジア人文情報学研究センターは、日差しの似合うスパニッシュ・ミッション・スタイル。突き出た日時計が白い壁面に影を落とす。2. 玄関にはロマネスク様式の性格が強い。柱頭の形状や縄状の文様が中世風の素朴さを感じさせる。3. 正門を入ってすぐに、京都大学の象徴となっている百周年時計台記念館。壁には流麗な文様が施されている。

Data

キャンパス内からの外観見学は自由、校舎内立ち入りは不可
[百周年時計台記念館] 9:00〜21:30
休＝年末年始

Access

京都府京都市左京区吉田本町／京阪「出町柳」徒歩20分

キャンパス内にはさまざまな時代の建築が、それぞれのスタイルで残っています。徐々に校地を拡げ、そこに独立性の高い学部や研究所が置かれていった経緯が背景にあります。これは高等教育機関らしさであり、強い創設者がいない国立大学の自画像なのかもしれません。しかも締め付けられがちな、首都の大学ではありません。全体性を欠いているから、多様な建築が残ったということもあるでしょう。

共通するのは、細部へのこだわりです。社会の理想は、小さな自分から始まる。自由が創造性の根源であることを、この大学の空間は教えてくれます。

統一感よりも
個々の独立性を

4

2

3

5

1.京都大学法経済学部本館はギザギザした形で、ゴシック様式と昭和初めに流行したアール・デコ様式をかけ渡している。2.さまざまなスタイルの階段も見つかる。3・5.旧演習林事務室は、周囲にベランダがめぐった木造建築。バンガロー風の素朴さで南のリゾートに来た気分に。4.正門からの視線を受け止める百周年時計台記念館。

1

豊かな装飾と機能の両立

1・3・4・5. 東アジア人文情報学研究センターは 東方文化学院京都研究所の研究施設として建設。機能性と豊かな装飾性が巡り合っている。デザインの方向性は、文学部教授でのちに京都大学総長も務めた濱田耕作が、北イタリア風の僧院をスケッチして示したことで決まったという。2. 百周年時計台記念館の車寄せには装飾的なテラコッタが散りばめられている。6. 総合研究15号館は、元の二学部建築学教室本館。伝統建築の組物を模した柱、軽やかなタイル文様などに、この建物で教鞭を執った武田五一の和洋をかけ渡す性格が見出せる。

＊東アジア人文情報学研究センターは内部非公開

5

4

3

6

1

広いキャンバスの
隅々まで多様な建築

2

6

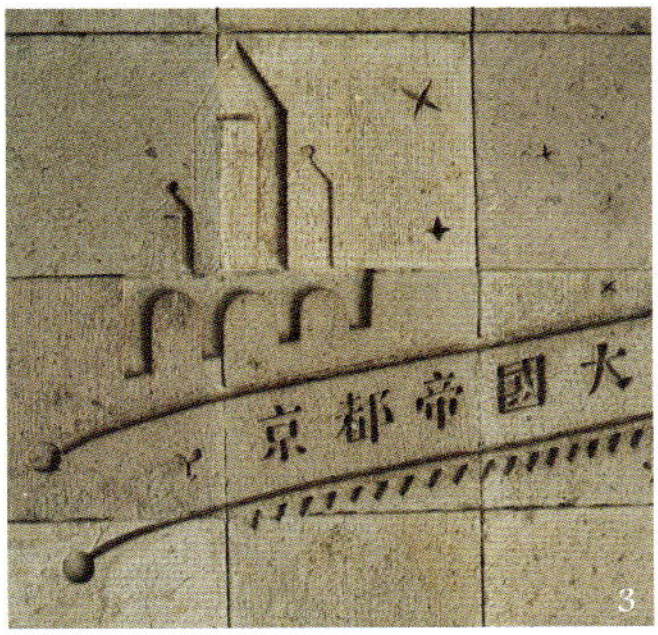

3

4

7

5

1. 明治半ばの木造洋風建築の特徴がよく分かる、医学部系統解剖講義室。下見板張りの壁に上げ下げ窓、瓦葺き屋根に半円形の屋根窓と、ほのぼのとした建物。2. 尊攘堂は明治半ばに幕末志士の遺品などが大学に寄贈されたことで建てられた。日本の土蔵と西洋の正統な古典主義を織り交ぜた独特のデザイン。3･4･5. Y字型の柱がスペイン瓦の玄関屋根を支える楽友会館は、武田五一の招聘で新進気鋭の助教授として迎えられた森田慶一による設計。6. 大正初めに完成した文学部陳列館は、華族の邸宅のような優雅な面持ち。7. 教育推進・学生支援部棟として使われているのは、明治半ばに建てられた建物。大正末までに何度か増築されて現在の姿となった。同じ赤レンガでも時代によって意匠が異なる。

＊文学部陳列館は関係者以外立ち入り禁止

The Museum of Kyoto

明治を代表する
「辰野式」は
この建物から

京都文化博物館
別館

no.38

Kingo Tatsuno
Uheiji Nagano

1906

1906年／辰野金吾、長野宇平治／レンガ造2階・地下1階

1

１９０２年、日本の建築界を築くのに大きく貢献した辰野金吾は、名誉ある東京帝国大学の教授職を自ら辞めます。18年間の教授時代の後、17年間を民間の設計者として過ごすことになります。

この転機をきっかけに、独特の「辰野式」が出現します。赤レンガの壁を白い花崗岩による帯などで飾り、東京駅（１９１４）のように見ればすぐそれと分かる、辰野の独特のスタイル。日本銀行京都支店として使われていたこの建物は、その最初期の好例です。

１９０３年に設計を終え、約３年間の工期を経て姿を見せたのは、教授時代の辰野とは違ったデザインでした。同じ日本銀行の系譜で比べてみましょう。東京の本店から、この３年前に完成した大阪支店（P.92）までは外観を石で統一。古

1.銀行時代に営業室と客溜まりを分けていたカウンターはオリジナルを忠実に復元。2.見上げると光を取り入れる天窓が菱形に開き、天窓を中心に天井の材が丁寧に貼り分けられている。3.中央銀行の建物らしく、柱やアーチの頂部といった要所は正統な古典主義を用いている。

Data

10:00〜19:30
休＝月曜（祝日は翌日）
＊階段部・2階は通常非公開

Access

京都府京都市中京区三条高倉／地下鉄「烏丸御池」徒歩３分、阪急「烏丸」徒歩７分

典的なオーダーと呼ばれる柱や三角形のペディメントが要所要所に使われて、建築の存在をより重く感じさせています。

それがここではどうでしょう。丸っこい細部が目立ち、にぎやかで、それでいて街並みのようにひとつの雰囲気で覆われています。西洋にならって国が設立した中央銀行にふさわしいかたちなのか。教科書的にいえば疑問に思えるほど。「正解」を教える立場から解き放たれた一人の建築家がここにいます。理想を抱いてもがく後ろ姿は、次世代への問いも育てるでしょう。大学を辞めて、辰野は真の「先生」になったのかもしれません。

元・銀行らしからぬ
にぎやかな装飾

1

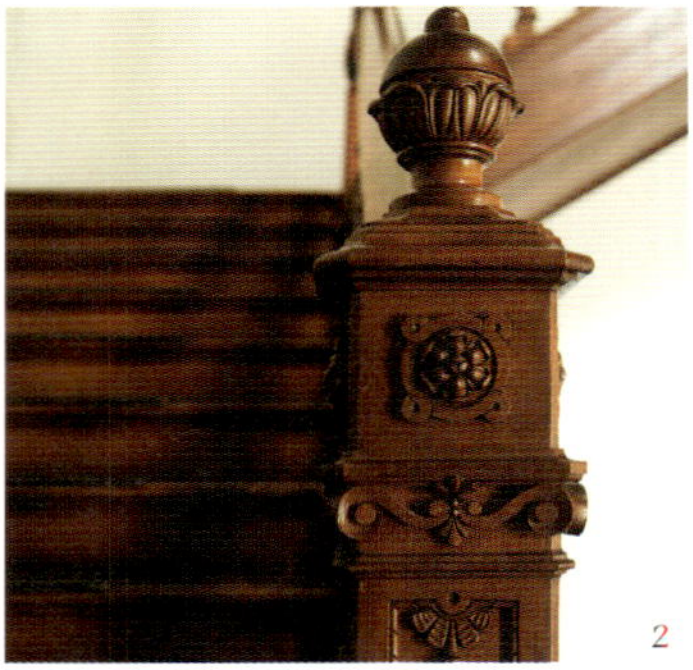
2

3

4

1.隅の柱を2本重ねたりといった手法はバロック様式に基づく。広大な営業室に力強さを与え、空間を間延びさせないための工夫。2･3.階段のデザインも本格的。4.中央の玄関では2本組で使われた柱の上部がふくらみ、放射状に仕立てられたアーチが載る。外観は正統な古典主義とは異なる、にぎやかなスタイル。5.入り口の金属装飾には、平易に幾何学化されたデザインを好む辰野の趣味が表れている。6.赤レンガの壁に白い石の帯を走らせた建築は、イギリスの建築家、リチャード・ノーマン・ショーのものが有名。活動時期がほぼ重なるショーの手法などを辰野は取り入れた。

6

5

Kyoto Art Center

no.39

Kyoto City Eizen-ka

1931

1931年／京都市営繕課
[本 館] SRC造 2階・地下1階
[北校舎・南校舎] RC造 3階

京都芸術センター

町衆が支えた
スタイリッシュな
もと小学校校舎

1

元は明倫小学校の校舎です。しかし、やわらかいクリーム色の壁に、鮮やかな色彩の屋根瓦。門からのぞく姿は、個人の趣味が反映した邸宅のよう。公共建築らしくない理由のひとつは、昭和初期に住宅を中心に流行したスパニッシュ・スタイルをまとっているからでしょう。

開校は古く、明治2年。江戸時代の町人に親しまれた石門心学《せきもんしんがく》の心学講舎「明倫舎」を最初の校舎としたのに始まります。これが校名の由来です。

正門が面する室町通りは、応仁の乱の前から京で最も繁栄した商業地。江戸時代から明治にかけても近代性を巧みに取り入れ、呉服問屋などの生業で栄えました。現存の校舎を建てるにあたっても、町の将来を大事に思う地元の人々から、多額の寄付金が寄せられました。大学の

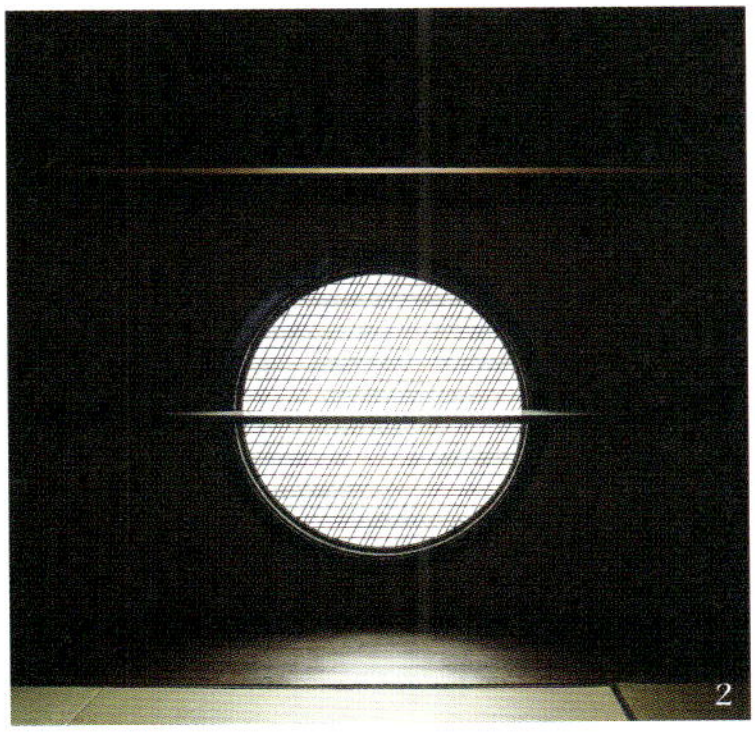
2

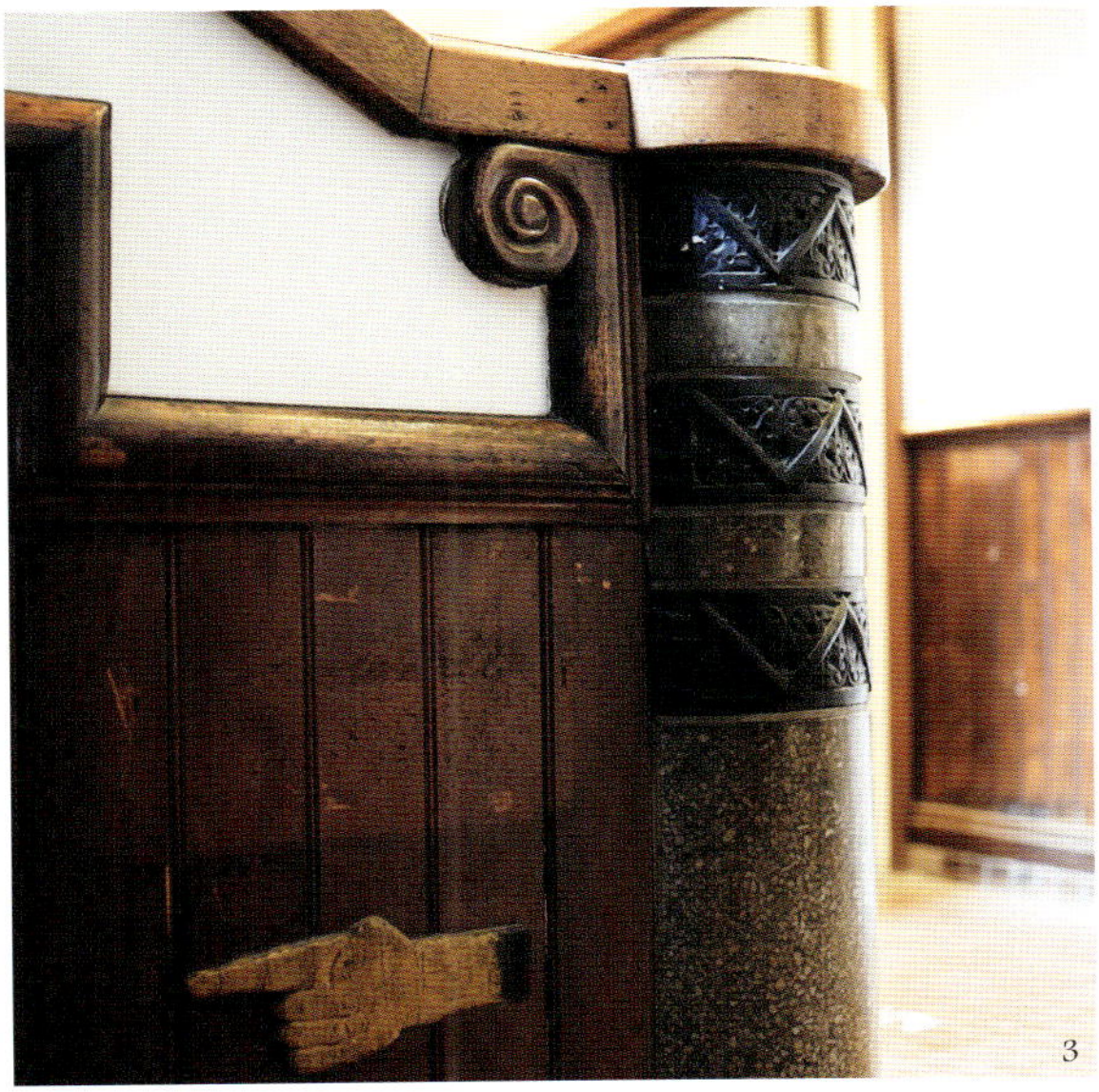
3

1.荷運びや避難経路としても実用的なスロープ。モダンな機能性とレトロな装飾性が同居した他にない空間だ。2.数寄屋風の丸窓。室内からは和風、屋外からは洋風に見える。3.階段のデザインにも遊び心が。手の形をした矢印がかわいい。

Data

[ギャラリー・図書室] 10:00〜20:00
[カフェ] 10:00〜21:30
休＝年末年始、臨時休館あり

Access

京都府京都市中京区室町通蛸薬師下る山伏山町546-2／地下鉄「四条」、阪急「烏丸」徒歩5分

ような講堂に、鉄筋コンクリート造の中にいるとは思えない78畳敷きの大広間。市の設計担当者が存分に腕を振るった独特の装飾や、スロープを用いた空間。他では目にできない立派さです。

スタイリッシュな校舎は1993年に学校としての幕を閉じ、新しい都市文化の創造拠点へと生まれ変わりました。政治や時代の変貌を乗り越える伝統を持った京都の町。変わりながら生きる強靭さが、明治の開校、昭和の校舎、現在の使われ方までを織りなしています。

2

1

6

3

4

邸宅を思わせる豊かな装飾

5

7

8

1.78畳敷きの大広間は折り上げ格天井を用いた立派なもの。2.次第に上昇するスロープの縦長窓が外壁にも現れて、校舎の姿に抑揚を加えている。3.正門は由緒ある室町通りに面する。4.伝統建築の組物を連想させる軒下に、スパニッシュのタイルを組み合わせるといった独創性。5.テラコッタ（建築装飾用の焼き物）を使った妻飾り。6.豊かな装飾性が邸宅を思わせる。7.ベランダも凝ったデザイン。8.階段の端まで気が使われている。

武田五一

建築教育を拡げ、同期とともに大阪の建築界を支える

たけだ ごいち◎1872年、広島県福山に生まれる。1903年から1918年まで京都高等工芸学校教授、1918年から20年まで名古屋高等工業学校校長、1920年から32年まで京都帝国大学教授を務める。欧米の最新の動向に通じ、建築だけでなく、図案、工芸、橋梁など国内のデザインの向上に幅広く貢献した。本書掲載以外の現存作品に求道会館（東京都文京区、1916）など。弟子との共作も多い。1938年没。

武田五一は関西の建築教育の双璧である京都大学と京都工芸繊維大学、両方の創設者です。１８９７年に東京帝国大学建築学科を卒業。やがて京都高等工芸学校（現・京都工芸繊維大学）の設立が決まり、その教授に内定して、１９０１年から研究と準備のためヨーロッパに留学します。

アール・ヌーヴォーなどの最新の知見を得て１９０３年に帰国。この年に最初の入学生を迎え、デザイン教育を軌道に乗せました。次いで１９２０年に新設される京都帝国大学（現・京都大学）建築学科の創設委員となり、藤井厚二や森田慶一といった次世代の才能を大学に引き入れます。しなやかな創作者としての武田の個性が、東京とは異なる学風を二つの大学にもたらしました。

興味深いのは、関西での活躍が同期に目立つこと。その一人が片岡安です。１８９７年に大学を卒業した細野安は日本銀行の技師として大阪に着任し、大阪の実業家・片岡直温の婿養子に入って、片岡安となります。１９０５年には辰野金吾と共同で辰野片岡建築事務所を大阪に開設。最先端の建築や都市計画に精通し、政財界にもつながりが深い人物として、１９１９年の辰野没後も関西の重鎮として貢献しました。

もう一人の同級生、松室重光は最初期の京都の建築家。《京都ハリストス正教会》34や《京都府庁旧本館》38の設計者です。松尾大社摂社・月読神社の神官を代々務めてきた京都の家柄らしい風雅な苗字です。しかし、故郷に職を得たのは卒業の１８９７年に古社寺保存法が成立し、学術的な文化財修復が可能な人間を京都府が必要としたという時代背景ゆえ。期待に十分に応えた松室でしたが、部下の汚職に連座し、京都府を１９０４年に退職。優れた技量は、その後に中国東北部で設計した公共建築や、昭和初期に片岡安の事務所の所長代理として手がけた大阪の《武田道修町ビル》などに伺えます。

3人はみな自分の作風を持った建築家でした。その上で建築教育の武田、実業界の片岡、文化財の松室と、新たな分野を関西で拓きました。辰野金吾から18年後の代が関西の建築界を築きました。西洋から輸入された建築の広がりと定着を反映しています。

もっとレトロ建築を楽しむために

私自身、建築写真はこのシリーズで初めて撮影をしました。レトロ建築を撮影して感じたことは「なんて面白いんだ」ということでした。普段、何気なく見ている建物がこんなにも個性的で、表情豊かな佇まいだということにびっくりしました。

気がつくと夢中で撮影をしていました。この感覚をみなさんにも味わって頂きたいので、レトロ建築を楽しむためのちょっとしたヒントを教えます。

◎その1——感じる

建物ごとに性格が違います。特にレトロ建築はとても人間味があります。建築家、使ってきた人たち、時間、いろいろなものが交差し、様々な個性が生まれています。

建物に対してどのように感じたか。軽い風のような感覚だったり、すーっと流れる気持ち良さだったり、もったりした重厚感だったり、水中を泳いでいるような感覚になる建物もありました。

五感で建物を捉えてみても面白いと思います。

◎その2——捉える

レトロ建築が建てられた時代には、蛍光灯のように室内を煌々と照らす照明があまりありませんでした。なので、外光をとてもうまく室内に取り入れていた建築が多いと感じます。わずかな照明も計算されてつけられています。

写真を撮る機会があればストロボは使わず、自然の光と陰を大切に撮影してみましょう。

◎その3—— 考える

素敵な建物を前にしてすぐにカメラやスマホを構えたくなるかもしれませんが、そんな時はちょっと立ち止まってみてください。

どうしてそこに柱があるのか、どういう装飾なのか、今どのように使われているのか。建築家の意図やその後の時間を想像してみるのもいい時間です。

落ち着いたところでカメラを構えたら、縦横のラインをそろえてみてください。ちょっとしたことで写真は劇的に変わります。

◎その4——見つける

タイル、照明、壁、持ち送り、階段の縁の飾り、窓の鍵、ドアのノブなど、レトロ建築には、たくさんの装飾があります。ひとつひとつ丁寧に見ることで気付かなかったものが見えてきます。動物モチーフなどが潜んでいたりもします。

宝探しのような気分で細部にまで目を凝らしてみてください。

下村しのぶ

あとがきにかえて

分かりやすくて、奥が深い。建築はさまざまな迫りかたがあって、発見が多い対象です。知れば知るほど、そう感じます。同行者がいれば、なおさらです。

2016年に『東京レトロ建築さんぽ』を刊行したとき、続編があると思っていませんでした。東京に第二次世界大戦以前に建った選りすぐりの建築を紹介した同書。今だから言うのですが、かなり悩んだ末に「レトロ建築」という言葉を前面に押し出したことを覚えています。というのも、学術的な単語でないからです。ともすると雰囲気だけの建物にも当てはまる、軽薄な言葉にも感じられます。ですから、建築史研究者が出した本で、それ以前に「レトロ建築」をタイトルに入れたものはなかったように思います。

でも、そうではない。私たちが「レトロ」と直感した時、対象の建築が創造的に過去を振り返っている深層をつかんでいるのではないか。そう気づくと、そんな心の動きに添える文章とは何かが分かってきました。

2017年刊行の『東京モダン建築さんぽ』は戦後、高度成長期から1970年代にかけての建築を収めた1冊です。「モダン」はラテン語の「ちょうど今」が由来。そんな思想で語れる建築の魅力は、正反対の「レトロ」な建築のかけがえなさを、一層はっきりとさせます。

本は数珠つなぎの旅のようです。ご好評にお応えして、本書は関西へ。東京から大阪に越して来た私としては、関西の近代建築の素晴らしさをご紹介でき、うれしいです。

今回、新しいのは神戸、大阪、京都、3都市の性格を建築から論じた点。こちら側から見ることで、前2冊で明言していない東京という街の個性も浮かび上がるでしょう。

「レトロ」を論じた前2冊のプロローグに触れると、さらに世界が広がるはず。本書にも関連するフランク・ロイド・ライトとウイリアム・メレル・ヴォーリズの「建築家ものがたり」は『東京レトロ建築さんぽ』に含まれています。

ここまで旅してこれたのは、同行者の下村しのぶさんのおかげです。写真の表現力に大いに気づかされ、少し嫉妬しながら文章を仕立てました。3都を行き交い、3冊を往復して、建築が語る言葉に耳をそばだてていただければ幸いです。

倉方俊輔

倉方俊輔

Shunsuke Kurakata◎東京都生まれ。大阪市立大学准教授。建築史の研究や批評に加え、建築公開イベント「イケフェス大阪」の実行委員を務めるなど、建築と社会を近づけるべく活動中。著書に『東京レトロ建築さんぽ』『東京モダン建築さんぽ』（共著・小社刊）、『大阪建築 みる・あるく・かたる』（共著・京阪神エルマガジン社）、『生きた建築 大阪』（共著・140B）、『ドコノモン』（日経BP社）など多数。

下村しのぶ

Shinobu Shimomura◎北海道生まれ。写真家。ポートレイト、雑貨や建築物まで。雑誌、書籍、広告などで幅広く活躍中。写真展も定期的に開催。著書に『東京レトロ建築さんぽ』『東京モダン建築さんぽ』（共著・小社刊）『おばあちゃん猫との静かな日々』（宝島社）がある。
http://www.kanaria-photo.com

神戸・大阪・京都
レトロ建築さんぽ

2019年5月20日　初版第1刷発行
2023年7月21日　第2刷発行

著者　倉方俊輔
下村しのぶ

発行者　澤井聖一

発行所　株式会社エクスナレッジ
〒106-0032
東京都港区六本木7-2-26
https://www.xknowledge.co.jp/

問い合わせ先　編集
Tel　03-3403-6796
Fax　03-3403-1345
info@xknowledge.co.jp

販売
Tel　03-3403-1321
Fax　03-3403-1829